レベルアップ授業力
―― 算数 ――

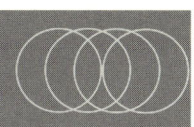

計算の授業を考える
筆算だけではだめになる

正木 孝昌

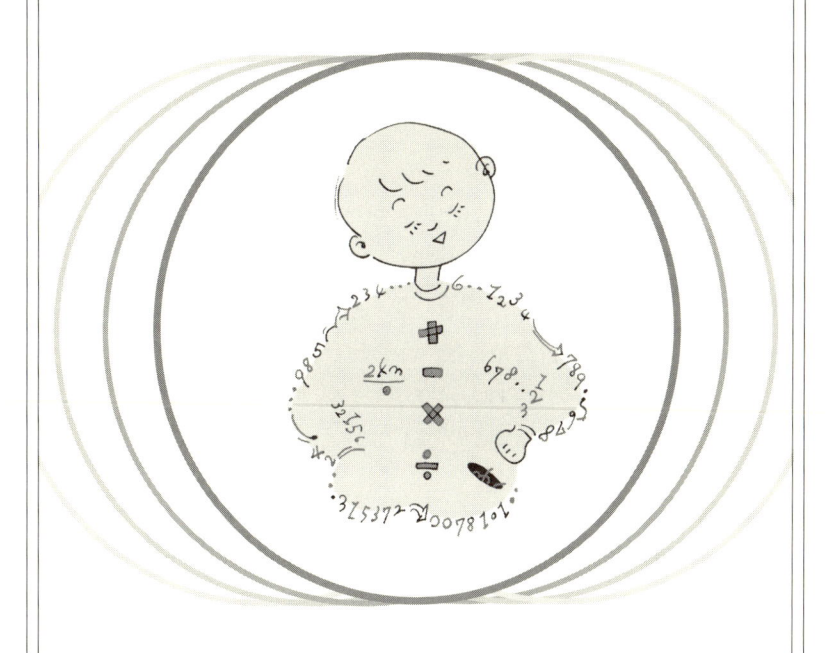

学校図書

はじめに

　今，学校では算数の時間の70％は計算の指導に使われているといいます。「せめて計算ぐらいはきちんとできるようにしてやりたい」という教師や親の思いが，いきおい計算の指導の時間を多くしているのでしょう。そして，その中で筆算指導に，その多くが費やされています。
　筆算も，その練習も必要です。しかし，ひたすら筆算の練習に終始することには重大な問題点がいくつか見えてきます。
　その問題点のひとつは，筆算をしている子どもたちは頭を使っていないということです。筆算のよさは，いつでもその手順に従えば，答えを出すことができるというところにあります。つまり，その場面に応じて一つ一つ考える必要のない便利な計算方法が筆算なのです。だから，速く正しく計算の答えを出すということだけをねらいにするなら，筆算がいちばんということになります。
　しかし，筆算は，ただ決められた形式をなぞっているだけです。そこに子どもたちが自分の意志で数に働きかけているという姿はありません。何度も何度も決められた道筋を歩き，間違いなくその道を歩けるようにするのが，計算練習であり，計算に習熟するということです。教室の黒板の上には，「考える子ども」というような学校の目標がよく掲げられています。その前で，子どもたちが毎日，筆算ばかり繰り返しているとしたら，こんな皮肉なことはありません。
　計算練習を繰り返せばその手順は確かに子どもたちに沁み込む。それ自体は決して悪いことではありません。算数の学習では欠かすことのできない大切なことです。しかし，それに終始するとき，子どもたちが計算に自分から働きかけ，数や計算に対し考えるという力は育たないのです。端的に言えば，筆算の練習だけに力を入れている指導者のもとでは，子どもたちの数や計算への感覚は鈍くなっていく。肝心の算数には弱くなっていくといって言い過ぎではないのです。

計算の指導を即，筆算の指導と考えることの問題点がもうひとつあります。それは，筆算の必要性に関することです。

　過去には，自分の腕力で計算ができるということが，社会人であることの条件として要求された時代がありました。どんな仕事に就いても計算は必要です。日常生活でも計算は欠かすことはできません。当時は買い物をしたり，単位の換算をしたり，その沢山の計算を自分の手で処理しなければならなかったのです。だから，学校では計算指導をどうしても重視しなければならなかったのです。そして，子どもたちも計算の正確さと速さを競いました。当時は，計算力といえば，与えられた計算を速く正確に処理する力だったのです。

　計算の必要なことは今も変わりはありません。むしろ，多様で複雑な計算の必要性は増大しています。しかし，それを自分の手でこなす必要はなくなったのです。計算の処理そのものは機械がやってくれます。スーパーや駅の売店で買い物をしても，自分の手で計算することはありません。こんなに機械を信用していいのかと心配になるほどに機械任せです。

　仕事では誰もが複雑で多様な計算をしているはずです。でも筆算を使う人はまずいないでしょう。パソコンや電卓の独壇場です。計算を必要として使っているのは人間ですが，数の処理そのものは，機械に任せた方が，圧倒的に速く正確なのです。

　時代が変わりました。計算を筆算で速く正しく処理することの意味が大きく変わってきました。筆算が必要ないということを言いたいのではありません。上で述べたような二つの問題点を直視しなければならない。そして，そこから，新しい計算指導の道筋を探っていきたいと思うのです。

　この問題について書きたいと長年思い続けていました。しかし，なかなか機会を得ることができませんでした。この度，学校図書株式会社の勧めによりようやくまとめることができました。芹沢氏はじめ学校図書編集部の皆さんに心から感謝します。

　　　　　　　　　　　　　　　　　　　　　　　　　　正木 孝昌

もくじ

第1章　授業の基本 …………………………………………… 7
　(1) 授業の基本とは ………………………………………… 8
　(2) 何を基本とするか ……………………………………… 9
　(3) 筆算の指導と能動性 …………………………………… 12
　(4) 「たい」のいる授業 …………………………………… 13
　(5) 考えるということ ……………………………………… 15

第2章　数や計算に対する瞬発力を育てる ………………… 21
　(1) 数に対する瞬発力とは ………………………………… 22
　(2) ごまだんご ……………………………………………… 23
　(3) 2倍の日，半分の日 …………………………………… 24
　(4) 数とイメージ …………………………………………… 25
　(5) じゃまいか　じゃまだこ ……………………………… 27
　(6) はしけん ………………………………………………… 29

第3章　計算力を考える ……………………………………… 35
　(1) 「は・か・せ」 ………………………………………… 36
　(2) 計算力とは ……………………………………………… 39
　(3) 計算について考える力 ………………………………… 43
　(4) 計算について考えることと筆算 ……………………… 47
　(5) かけ算九九指導の問題点 ……………………………… 48

第4章　計算の導入を考える ………………………………… 53
　(1) 筆算のたし算を楽しむ ………………………………… 54
　(2) 繰り上がりのあるたし算 ……………………………… 58

	（3）計算の導入で使う数 …………………………………… 62
	（4）42÷3の導入を考える ………………………………… 64
	（5）筆算を教える …………………………………………… 67
	（6）形式とイメージ ………………………………………… 71

第5章　計算の根 ………………………………………………… **75**

	（1）計算をつなぐもの ……………………………………… 76
	（2）わり算のきまりの初めの一歩 ………………………… 81
	（3）「わり算のきまり」のその後 ………………………… 89
	（4）九九で「神経衰弱」分配のきまり …………………… 91
	（5）分配のきまり …………………………………………… 95

第6章　答えに意味のある計算 ……………………………… **99**

	（1）はかない計算練習 …………………………………… 100
	（2）答えに意味のある計算練習 ………………………… 101
	（3）知的な根性 …………………………………………… 105
	（4）FBI方式 ……………………………………………… 108
	（5）第一の感動と第二の感動 …………………………… 112

第7章　答えへの道筋 ………………………………………… **117**

	（1）筆算指導の宿命 ……………………………………… 118
	（2）もうひとつの証拠 …………………………………… 119
	（3）なぜ複数の道を求めるか …………………………… 121
	（4）生きるということ …………………………………… 124
	（5）力ずくの力 …………………………………………… 126
	（6）FBIからホームズへ ………………………………… 132

1 授業の基本

1．授業の基本とは

　算数の学習に基礎と基本があるように，授業者にとっての授業の基礎，基本があります。よく基礎基本はひとつの言葉として扱われますが，私は，基礎，基本は四文字熟語ではないと考えています。基礎も基本もそれぞれ違った意味を持つのです。

　基本とは方針です。理念，信念，価値観などの言葉で置き換えてもいいでしょう。あるいは，生き方とか，心とかいうこともできます。「これが俺の哲学だ」などと見栄を張る人がいます。本物の哲学者が聞いたら目を剝くような話ですが，俗に言う哲学もこの言葉たちの仲間でしょう。どんな言葉で表そうとも，それらは，端的に言えば，その人の進む方向を示しています。その人が一番大切にしていることです。それがなければ，話にならない。とにかく，目指す方向が決まっていなければ歩を進めることはできないのです。今，かなりの時間をかけて力を尽くしている，その全時間をかけて何を創ろうとするのか，それが方針であり，基本なのです。

　昔，和船を漕いだことがあります。櫓は艫に付いている小さな突起の櫓杭に櫓の小さな凹みの櫓臍を乗せただけの簡単な構造です。それを手首を返しながら前後に押したり引いたりする。この動作自身がなかなか難しいのです。すぐに櫓臍が外れて反動で海に飛び込みそうになったりします。しかし，それよりもなによりもいちばん難しいのは，自分の思う方向に舟を進めることです。手元の動作ばかり気にしていると，舟はぐるぐる回ったり，あらぬ方向に進んだりします。そんなことを繰り返すうちに，ふと周りを見回すと自分がどの位置に，どの方向に向いているのか分からなくなって一瞬パニック状態になったこともありました。

舟を自分の思う方向に進めるのにはどうすればいいでしょうか。行きたい目標を舳先の延長線上にきちんと見据えて押しと引きを調節できるようになると，舟は自分のものになるのです。押したり，引いたりの動作は小さな仕事です。その小さな仕事が重なって舟は目的の方向に進んでいく。そのためには，船頭の目は目標をきちんと捉えていなければならないのです。考えてみれば，当たり前のことです。

　授業だって同じことです。小刻みな時間の中でのひとつひとつの授業は小さな仕事です。しかし，その小さな仕事を積み重ねて何を創ろうとしているのか。それが明確でなくては，小さな一歩も踏み出すことができないはずなのです。授業をするためには，基本が不可欠だということです。

2．何を基本とするか

　自分が，何を授業の基本としているか。それを授業者は言葉として表現し意識することが必要です。「与えられた問題を正しく速く解くことのできる子どもたちを育てる」とか「楽しくみんなと助け合って学習できる子どもを目指す」とか，とにかく文章で表してみるのです。何となく全部が言い切れてないような不満が残るかもしれませんが，まず，勇気を出して書いてみることが最初の一歩です。書いてみると，不十分なところや，曖昧な部分が見えてきます。そのことが大切なのです。

　私の授業の基本を一言で言うと「子どもの能動性を引き出す」ということになります。しかし，これだけでは，あまりにも舌足らずです。もう少し書き加えます。

私は，算数の授業を通して，子どもたちに活動する世界を作ってやりたいと考え続けてきました。活動する世界とは，次のような姿を実現し，そこに身をおくことの喜びを知る場です。

☆ 自分を表出し，表現する
☆ 対象に働きかけていく
☆ 自分の力を自分で確認する
☆ 友だちと関わり合う

　算数の授業で，子どもたちのこの４つの姿を引き出したいということを授業の基本としてきました。もし，これを一つの言葉で表現せよと言われたら，それが「能動性を引き出す」ということになるのです。
　能動性というのは，子どもたちが対象に働きかけていく姿をいいます。
　九九一回適用の24÷3のような計算はできる子どもたちが，初めて42÷3という問題に出会ったとします。このわり算は商が二桁ですから，子どもたちは，今，これから乗り越えなければならない山を前にしたことになります。
　このとき「この計算は，まだ習ってないからできない」と，他から教えてもらうのを手を拱いて待っている。もし，そんな子どもたちがいたとしたらそれは能動的であるとはいえません。そうではなくて，自分の持っているものを総動員させて，何とか自分の力でやってみようと働きかけていく子ども。それが能動的な子どもの姿です。
　働きかけるとは，相手を自分の意志で変えることです。
　私の育てた子どもたちのことを書きます。42÷3を前にした時，森くんは，いきなりたこ焼き（アレイ図。要するに○。私たちはそれをたこ焼きと呼んでいた）を42個描きました。これをなんとしても三等分するつもりです。これを見た柳原も「あっ，そうだ」と小さく叫ぶと，同じようにたこ焼きを

1. 授業の基本

描き始めました。でも，森とは○の並べ方が違います。一行に6個ずつ7列，たこ焼きを並べました（図1-1）。42が6×7であることに気づいたのでしょう。これなら3等分しやすいことが見えたのです。

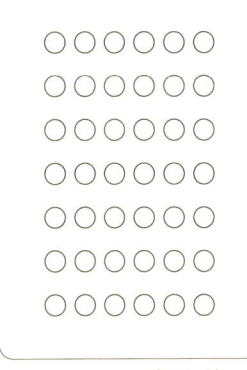

```
○○○○○○
○○○○○○
○○○○○○
○○○○○○
○○○○○○
○○○○○○
○○○○○○
```
（図1-1）

他の子どもたちも，それぞれに働きかけています。

42の半分，21を3で割った子ども。42÷6に手がかりを見つけようとしている子ども。みんな自分なりに42÷3という計算に働きかけています。自分の意志で対象を変えたり，動かしたりしているのです。

（42÷3に働きかけていく子どもたちの姿については，第四章と第七章で，もっと詳しく書くことにします。）

「子どもたちの能動性を引き出す」というのは，このような状態を授業の中で創ることです。授業者の立場から言えば「能動性を引き出す」ですが，子どもの側から言えば「引き出されることの喜びを知る」ということになります。外から，知識や技能を吹き込まれ，貼り付けられるのではなく，自分で，知識や技能を創っていく喜びを知るのです。

そんなことができるはずがない。人間が長い歴史の中で創ってきた文化遺産である知識や技能を，子どもたちが限られた時間と環境の中で自分で創れるわけがない。ふと，そうつぶやきたくなります。

筆算の形式を子どもたちが自分の手で初めから創り上げていくことは無理です。小数の表し方や仕組みを考え出すことなども子どもたちだけではできないことです。これらは，言葉できちんと伝えなければならないことです。授業者自身がやってみせながら，伝綬しなければならないことです。

11

「引き出されることの喜びを知る」ということと「知識や技能は伝綴しなければならない」ということは，一見，矛盾しています。言葉の上では矛盾しているように見える。しかし，そこに実践の上で，道筋を見つけなければならないのです。その仕事は，決して辛いものではありません。

3. 筆算の指導と能動性

　子どもたちが42÷3を自分なりの方法で結果を出そうと働きかけている。その姿が私の目標です。その子どもたちの方法は，一般的ではないし，回り道です。そして，洗練されていないものです。でも，子どもたちは，生き生きと，この計算に働きかけています。子どもたちのこの姿を現出するために授業をしているのです。筆算は，後で教えます。しかし，筆算だけのために，子どもたちを活動させているのではない。これは断言できます。
　筆算を教えるのもまた，対象に働きかけることのできる子どもたちにするためです。42÷3を今，子どもたちは働きかける対象にしている。ということは，わり算の意味やかけ算九九を習得しているということです。いきなり，なにもないところに42÷3を提示しても，子どもたちは何をしていいか皆目分からないはずです。活動は生起しません。
　能動性を引き出すためには，それを可能にする「できること」「わかること」があるはずです。それは，授業者が確実に子どもたちに伝綴，確認しておかなければならないことです。筆算を教えるのはそのためです。

　教材を「できること」「わかること」の視点から見ると，確かに一連の系統を持っています。しかし，その一連の道筋は，子どもたちが対象に働きかけていく姿を支えている存在です。子どもたちの能動性を引き出すという授

業の基本のもとに，成立する道筋なのです。

　言い方を変えると，算数の授業では「教えなければならないことと」「教えてはいけないこと」があるのです。

　42÷3の答えを出そうとして，42から3をどんどん引いて，何回，ひくことができるかやってみようとしている子どもがいたとします。この子どもに対して，「それは面倒だから3を10個分まとめて引くといいよ」とは，絶対言いたくありません。「それを言っちゃお終いよ」です。それは，その子どもに気付かせなければならないことです。教えてはいけないことが確かにあるのです。

　（敢えて，断っておきたいことがあります。最近，教えてから考えさせるというフレーズをよく聞きます。それとは，全く関係はありません）

　では，「できること」「わかること」の習得と，「引き出されることの喜びを知る」ことの両者がどのように両立するでしょうか。結論を急がないようにします。この本，全体で，そのことをじっくり描いていきたいと思います。

4.「たい」のいる授業

　子どもたちの鯛が泳いでいなければ授業とは言えません。鯛がいた方がいいというのではなく，鯛がいなければ授業にならないということを言いたいのです。

　鯛とは，「計算したい」とか「調べたい」とかの「たい」です。希望や願望の意思を表す助動詞の「たい」です。その心を名詞として扱いたかった。授業について考えるとき，どうしても，この「たい」の必要を感じたからです。

　授業を語るのに，駄洒落もどきの「たい」などという言葉を使うな，と叱られそうです。しかし，いくら考えても，この「たい」に変わる言葉が見つ

からなかったのです。「そんなことはない。意欲とか欲求とかの言葉があるじゃないか」と言われそうですが，意欲とか欲求では，私の言いたいことにぴたりとこないのです。

「たい」は，ほんのちょっとした一過性の心の動きを含んでいます。「数学者になりたい」というような願望も確かに「たい」なのですが，節穴があったら覗いてみたい，太鼓があったら叩いてみたい，というのも「たい」なのです。まさか，こんな気持ちを意欲だの欲求だのとはいえないでしょう。それに，意欲という言葉は，輪郭がはっきりしません。意欲を育てるといっても，何をすることか具体的に見えないのです。

2年生のかけ算九九の練習で図のような練習問題を出しました。

子どもたちはすぐに問題のかけられる数とかける数が，あるきまりで並べられていることに気付きました。そして，答えを出した後で騒ぎ出しました。

```
1×2= 2
2×3= 6
3×4=12
4×5=20
```

答えが，4，6，8，と大きくなっていることを見つけた子どもたちです。

「面白い，面白い」と喜んでいます。「たい」がいたのです。私が何も指示していないのに，答えと答えの差を計算してみたいという「たい」です。

というように描くと，全員の子どもたちが，同じように活動したように思われるかもしれません。しかし，そんなことがあるはずがありません。

答えと答えの差を計算しようとした子どもたちは，ほんの一部の子どもたちでした。しかし，必ず，その「たい」を泳がせる子どもたちがいるはずだと私は予想していました。だから，その「たい」を子どもたちの中から見つけることができたのです。

一部分の子どもたちの中に生まれた鯛をみんなのものにしていくのは，授業者の仕事です。このことについては，後述します。（第4章2節）

4つのかけ算九九で，その答えが4，6，8と増えることを見つければ，また，

そこに「たい」が生まれます。5つ目，6つ目のかけ算を書いて，その答えが10，12と増えるかどうか調べたいという鯛です。このように鯛が鯛を呼び，子どもの中で広がり大きくなっていきます。

先ほど，私の授業の基本は「子どもたちの能動性を引き出すことだ」と書きました。子どもたちの能動性を引き出すというのは，とりもなおさず，子どもたちの鯛を引き出すことなのです。鯛のいないところに，能動性はありません。

どのような鯛をどのようにして引き出すか。そして，その鯛をどのように進化させていくか。それを授業に臨んで計画し，授業を展開する。これが，子どもたちの能動性を引き出す授業について具体的に考えることなのです。

5. 考えるということ

私たちは，子どもたちに「よく考えなさい」としきりに言います。子どもたちにじっくり取り組んでもらいたいという思いを「考えなさい」という言葉に込めて，口癖のように繰り返すのです。

しかし，考えるというのは何をすることでしょうか。それがはっきりしません。「よく考えなさい」と言うけれど子どもたちに具体的には何をどうすることを要求しているのでしょうか。そこが霧に閉ざされていてはっきり見えていないことに気づきました。

考えるとは何をすることか。その厳密な定義や様相を示すことは私の能力を越えています。「考える」は，それだけ奥の深い言葉です。そこに真っ向から挑むつもりはありません。

私がここで 問題にしているのは，「考える」という言葉のもとで，子どもたちに何を求めているかということです。私たちは，何を求めて子どもた

ちに「よく考えろ」と語りかけているのか、それをはっきりしたいのです。
　ひとつだけ言えることがあります。自分で何かを決めること、それを考えるという行為の出発点にあるということです。ただ呆然と対象を眺めていても考えるとは言わないでしょう。

　今、私は「考える」とは何をすることか考えています。漫然と「考える」という言葉と向かい合っているのではありません。過去に、数学の問題を考えたり、授業のことを考えたりしたことを思い出しながら、そこに共通しているものは何だったか思い巡らしています。つまり、焦点を当てるものを自分で決めて、それを見つめているのです。やはり、自分で何かを決めるというところから出発しています。
　一つ別の場面を示してみます。　1,1,9,9という4つの数に加減乗除の演算を施し、10を作るという問題を考えてみましょう。（括弧も使ってよい）このとき、誰でも、とにかく思いつくままに演算を決めて式を作ってみるでしょう。例えば、

(1＋1)×9－9

として、「ああ、これじゃ駄目だ」と突き当たり、また、次の手を探ることになります。ここでも、やっぱり自分で何かを決めて、やってみるということが出発点になっています。（解答は（1÷9＋1）×9です）
　もちろん、自分で何かを決めてやってみること自体は、考えることとイコールではありません。そういう意味で、自分で決めるということは「考える」ことの十分条件ではありません。しかし、確かに、自分で決めることは、考えることの必要条件です。
　そうだとすると、このことを子どもたちに指示してやることが大切だということになります。キーワードは「やってみる」です。

1. 授業の基本

　「三角形の面積の求め方を考えましょう」というよりは，「この三角形の面積を求めたいのだけれど，何かやってみたいことはないかな」と尋ねた方が，こちらの思いをよく子どもたちに伝えることができます。

　大切なことは，完全な結果や方法を求めないことです。とにかく，どんなことでもいい，自分なりに働きかけることを促すのです。初めの一歩を踏み出させるのです。

　プリントした三角形を目の当たりにして，子どもたちはその面積を求めようとして，何をしようとするでしょう。

　「三角形を切り抜いてもいいですか」と鋏を取り出す子どもがいます。方眼を被せる子どもたちもいます。(図1-2)のような線を引く子どもたちもいます。それぞれが，自分で決めて，自分の手で働きかけています。確たる見通しがあるわけではありません。それでも最初の一歩を踏み出しているのです。

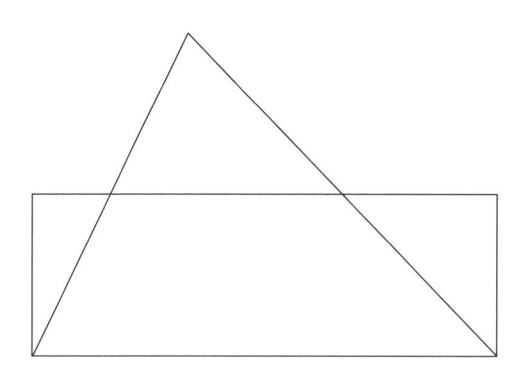

(図1-2)

計算を対象にする場面でも同じことを考えてみましょう。例えば，三年生が23×18を学習する場面です。
　古い授業記録を巻き戻しながら書いていきます。
　「まだ答えは出さない。出さなくていい。始めの一歩，何をするか。何がしたいか。書いてごらん」
　と，指示するところから授業は始まっています。
　本当は，私が「考えなさい」と促したとたん，子どもたちが始めの一歩を踏み出すことができるようになっていれば願ったり叶ったりです。何も言うことはありません。しかし，まだそこまでは育っていない子どもたちです。だから，こちらからの指示が必要なのです。もちろん，このまま放っておいても，答えにたどり着くことのできる子どもたちもいます。しかし，その子どもたちを独走させたくありません。だから最初の一手だけをまず書かせるのです。
　なぜ，答えまで進むことのできる子どもたちを敢えて抑えるのか。それは，授業の技術上の方策です。「23×2＝46」と書いている子どもがいます。この子どもは次に何をするつもりなのでしょうか。いや，何も見通しはないのかもしれません。とにかく「やってみただけ」かもしれないのです。
　23の段のかけ算を順にやっていこうとしている子どもたちがいます。九九は九の段で終わりだったのですが，その先に23の段があることが見えているのです。九九を学習したときに，13の段まで考えたことを思い出したのでしょう。
　　23×9を計算して，じっと見つめている子どもがいます。これからどうするのでしょうか。

　どの子どもも，自分なりの一歩を踏み出しています。このことが大切なのです。とにかく手を懸けて働きかけてみる。すると次のやって見たいことが見えてきます。鯛が生まれるのです。何もしないで，問題を眺めていても鯛

1. 授業の基本

は生まれません。「やってみるかなあ」と手探りでも，行き当たりばったりでもよい，対象を動かしてみる。すると，次のやりたいことが浮き上がってきます。鯛の卵は「やってみるか」です。

23を18段並べてたし算をしようとした子どもがいました（図1-3）。一の位は3×18＝54で，4になります。そして，十の位に5繰り上がります。そして，十の位は2×18で36．それに繰り上がってきた5を足して41にしました。お見事です。

それを見た，23×2＝46をやってみた子どもは，46を同じようにして9こ足しました（図1-4）。たし算をした後で，46×9は，できることに気づいて喜んでいる姿が可愛かったです。

23×9＝207を計算した子どもは，それを2回足しました。

みんな，自分だけの世界に籠っているのではありません。友だちのやっていることを見たり，聞いたりして自分の方針を決めています。

23×10＝230　になることに気付いた子どもたちがどんどん新しい方法を思い付き始めます。23×10と23×8を加えればいいという方法です。

この方法は，もう筆算のすぐ手前まで来ています。みんなで自分のしたことを発表し合い，考えを交流しながら，辿り着いた方法です。

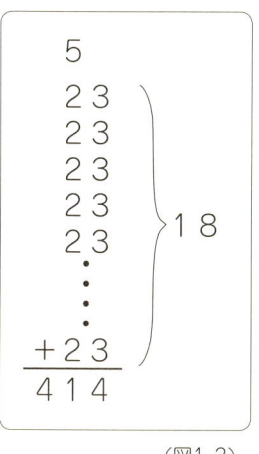

```
    5
   23
   23
   23
   23
   23
   23      } 18
   ⋮
  +23
  ─────
   414
```

（図1-3）

```
    5
   46
   46
   46
   46
   46
   46
   46
   46
  +46
  ─────
   414
```

（図1-4）

考えるということは，このような活動の過程を指すのだと私は考えています。そこには，自分で自分のしたいことを決めるということが，最小限の条件になっています。自分で決めることのできない子ども，自分で決めようとしない子どもは考えることができないのです。

　心配なことがあります。例えば「何でもいいから，一つ数を決めなさい」と指示しても，なかなか書けない子どもが沢山います。「後，5秒で書け」と脅かすとやっと書きます。でも，小さく弱々しい字で書き，その上に消しゴムなどを乗せて，人に見えないようにしています。こんな姿を見ていると算数の時間に，自分のしたいことを自分で決めるという場面が極端に少ないのではないかと恐ろしくなります。

　筆算の練習の中では，自分で何かを決めるということは皆無です。与えられた問題に，外から決められた手順を施しているだけです。そこには，考えるという姿はありません。

　子どもたちがどんどん自分から対象に働きかけ，元気な鯛を発生させ，大きくしていく授業。それが私の追求する授業の基本です。

2 数や計算に対する瞬発力を育てる

1. 数に対する瞬発力とは

　計算指導が目指すのは「数や計算に自分から働きかけていく子どもたち」です。例えば 42÷3 という計算を目の前に置かれたとき，ただ正しく答えを出すことができるだけでは満足ではありません。たとえ，それが初めて出会った計算だったとしても，なんとか自分の力でやってみようと自分の力で働きかけていくことのできる子どもを育てたいのです。

　計算や数に働きかけるためには，その基礎になる力が必要です。特に大切なのは，数に的確に反応できる目を持たせることです。感覚を持たせると言ってもよいでしょう。目とか感覚とかの言葉を選んだのはそれほどまでに身に付いたものにしたいからです。例えば，「72 の半分」と言ったときにとっさに「36」と反応できるようにしたいのです。このためには低学年のころから，継続的な訓練が必要です。

　数に対して瞬発的に反応できることが必要です。まず，次の 2 つのことを目標にします。

- 十の補数を言える。
- 半分の数，2 倍の数を言えるようにする。

　このことが，計算について考えることのできる子どもにするためにはまず必要です。その根拠は私の経験です。ですから，それほど決定的な根拠ではないと言われても一言もありません。しかし，私の小さな実践の中で，確かな手応えのあった事実です。1 年から 3 年まで，日頃徹底して躾けたことが，確かに，子どもたちの「計算について考える力」を支えていたという実感があります。

2. ごまだんご

　1年生の頃は5の合成分解，それに10の補数についての楽しい訓練が繰り返されました。例えば，私が「さんま」と言ったら，子どもたちは「七面鳥」とか「仲良し」とか応えます。「さんま」は3を表していますから，その十の補数7を表す「な」とか「しち」の付いた言葉を返さなければならないのです。

　「ヨット」には「むかで」とか「ロケット」。「いちご」には「九官鳥」。「鯨」でもいいでしょう。

　これは楽しいです。先生と子どもたちの間だけではなく，子どもたちどうしでも楽しみました。教室の後ろで集まって，「にしん」「はっぱ」。「ジュース」「霊柩車」などとわいわいやっている姿は可愛いものでした。

　西東京市の田無小学校の大塚先生は，五の合成，分解をやはりゲームの形で子どもたちと楽しんでいます。許しをもらって紹介します。

　まずA,B 二人が向かい合います。そして，「ごまだんご，ごまだんご」と歌います（楽譜参照）。

〔ごまだんごのうた〕

ご ま だん　ご　　ご ま だん　ご
1 と　 4 で　ご ま だん　ご　ヘイ

　動作は身体の前でおにぎりを作るように手を動かします。続いてＡが「3と」と言いながら指を3本出します。それを見て，Ｂは3と合わせて5にな

る数2を指で出します。そして「2で」と歌います。そして，ふたりで「ごまだんご」と声を合わせて歌い，最後に「イエイ」とハイタッチをします。

　文章で書くと冗長になります。でも軽快なリズムに乗って「ごまだんご，ごまだんご，1と4で，ごまだんご。イエイ」とやるととても愉快です。「ごまだんご」に飽きたら，呪文を「ごままんじゅう」に変えて，十の補数関係で同じゲームを楽しむことができます。
「ごままんじゅう，ごままんじゅう，4と6でごままんじゅう。イエイ」
朝会で6年生と1年生が一緒になってやっている場面を見せてもらいました。和気藹々そのものでした。

3. 2倍の日，半分の日

　朝，子どもたちが登校すると黒板に「今日は2倍の日」と書かれています。その日は，私が言った数の2倍の数をとっさに言わなければならないのです。廊下で行き違いざまに，私が「6」と言います。すると，声をかけられた子どもは，ぱっと「12」と応えなければならないのです。もし，「ええっと」などと反応が遅れると，「ブッブ」とか，「バキュウン」とか，アウトを宣言されます。格別，罰ゲームはないのですが，子どもたちは，このゲームを楽しみます。繰り返すというのは恐ろしいものです。1年生が24とか36のような2けたの数でも平気で半分にしたり，2倍にしたりすることができるようになります。

　簡単な一問テストも折を見て繰り返し行います。　紙はB5の方眼紙です。私が，例えば「3」と言います。すると，子どもたちは，3，6，12，

24というように2倍，2倍の数を書き続けるのです。1，2年生では，すぐに自分たちの知っている数の範囲を越えますが，お構いなしです。結構，大きな数に挑戦する子どもの姿が見られます。

4. 数とイメージ

　こんな訓練？を毎日のように繰り返します。そして，子どもたちは，どんどん数たちと仲良くなっていきます。というより，子どもの中に数ができていくと言った方がよいかもしれません。数が自分の外にあるものではなく，自分の中にあるものになっていくのです。本来，数は自分の外にあるものではありません。例えば3という数について考えます。外の世界のどこを探しても3という数はないのです。3という数は概念であって，自分の中に自分の手によって作られていくものです。自分で使ったり，自分で働きかけたりしながら，自分で自分の中に創っていくものなのです。だから，他から直接教えることはできません。パソコンの使い方のように直接言葉で子どもに注ぎ込むことはできないのです。3という文字の書き方，サンという音は教えることはできます。しかし，3とは何かということは，直接言葉で子どもたちに伝えることはできません。指を3本出して，「これが3だよ」ということはできます。しかし，それはそれだけのこと，3という数のほんの一部の姿を示しているのにすぎないのです。考えてみると当然のことですが，つい，忘れてしまいがちなことです。

　2倍の数や半分の数を咄嗟に見つけようとする子どもたちは，その対象になっている数のイメージを持っています。そして，そのイメージを動かして，数を操作しているのです。

なにしろ子どもたちの頭の中での出来事なので推測するしかありません。しかし，確かに子どもたちは頭の中に数の像を浮かべながら，それに働きかけているのです。

　例えば，「12の半分は6だ」と言った子どもに「どうしてそう考えたの」と聞いてみました。すると友だちに十本指を出させ，その前に自分の右手の指を2本出しました。写真を撮るときのピースの形です。そして，私にその人差し指と中指の間を私の手刀で切ってみろというのです。

　なるほど，12本の指を2つに等分しようというわけです。私が手刀を軽く2本の指の間に入れました。すると，その子どもは「ピッ」言って左右の手の指を1本ずつ立てて，友だちが出していた5本ずつの指に1本ずつ添えたのです。「ピッ」という声と指の素早い動きがとても可愛く感じました。10の半分は5, 2の半分が1, だから，5と1を合わせて6という数を見つけているのです。

　文で描くと，間延びしてしまいます。しかし，子どもたちはこれを瞬時に頭の中で行うことができるのです。

　3年生ぐらいになると96のような数でも反射的に半分にすることができるようになります。「どうして96の半分が48と見えたの。スローモーションビデオでゆっくり巻き戻して話してごらん」と言うと空中の一点を見つめながら話します。「80と16に分かれて，80の半分と16の半分で40と8で48」と答えます。もう16の半分の8は，スロービデオでも見えないぐらい瞬間に見えているのです。「90の半分は45, 6の半分が3, だから48」という子ども。「100の半分が50, 4の半分が2, だから，48」という子どももいます。どの子どもも自分の得意な半分の作り方を持っているようです。

　半分の数や2倍の数を素早く作るという訓練は，数をイメージで扱うという，数との付き合い方ができる子どもを育てていくのに有効です。ひとつの数をいろいろな形でとらえることのできる子どもを育てることができるのです。

5. じゃまいか　じゃまだこ

「じゃまいか」というゲームがあります（写真）。有名なゲームなのでご存じの方も多いと思います。

この道具には周囲に6個，中央に1個，合計7個のさいコロが付いています。周囲の7個は1から6までの数字が刻まれている普通のサイコロです。ただ，中央のサイコロは10, 20, 30と60までの10の倍数が刻まれています。そして，周辺のひとつと中央のは黒のサイコロです。

さあ，ゲームの始まりです。ガラガラと掌の上で7個のサイコロを回した後，机の上に置きます。このとき，黒い二つの賽の目の合計の数を周りの5つの数で作ります。5つの数をかけたり，割ったり，足したり，引いたりして答えが黒の2つの賽の和になるようにするのです。

たとえば，黒賽の二つが30と6, 残りの5つの白賽が6, 3, 2, 2, 1だったとします。さあ，5つの数を加減乗除して，36をつくることができるでしょうか。6×3×2×(2−1)で成功です。

有名なゲームなので，これ以上の説明は必要ないと思います。数への感覚を鋭くし，瞬発力を付けるのには絶好のゲームです。

ジャマイカは5つの数で一つの数を作るゲームです。でも，2, 3年生には5つの数を組み合わせることは，やはり難しいようです。そこで，組み合

わせる数を4つにしてはどうかと考えました。

　森博嗣氏の小説に「笑う数学者」があります。この小説の中で，4，4，10，10の4つの数を使って24を作れという問題が出てきます。これが，なかなか手応えのあるで，4年生の子どもたちが大いに燃えました。一夜明けて，朝来るなり「ごりら，出来たよ」と着替えもしないうちに，私の処へ飛ぶように報告に来た子どもたちがいました。この子どもたちが昨日から今朝にかけて，どれだけ数と格闘したか想像しました。そして，目的の数に辿りつけたときの嬉しさを心に描きました。

　そんなこともあり，4つの数で一つの数を作るというパズルはずいぶん楽しみました。子どもたちはこのパズルを「じゃまだこ」と呼びました。

　5この数を組み合わせるのが「じゃまいか（烏賊）」なので，それより足の少ないということで「じゃまだこ（蛸）」なのでしょうか。

　4つの数の組み合わせは私たちの身の回りに沢山あります。昔は電車の切符に4けたの数がありました。あの4つの数を組み合わせて，10にするというパズルを密かに楽しみました。車のナンバーも4桁です。この4つの数を組み合わせて10になるパズルなら，日常，どこでも楽しむことができます。

　自分で例えば，1，2，3，4と4つの数を決めて，この数で1から10まで，全ての数を作ってみようという問題も面白いでしょう（図3-1）。

$$1 \times 2 + 3 - 4 = 1$$
$$1 + 2 + 3 - 4 = 2$$
$$(4 - 2 - 1) \times 3 = 3$$
$$5 - 3 \div (4 - 1) = 4$$
$$(1 + 2) \times 3 - 4 = 5$$
$$3 \times 4 \div 2 \times 1 = 6$$
$$3 \times 4 \div 2 + 1 = 7$$
$$(1 + 3 - 2) \times 4 = 8$$
$$1 \times 2 + 3 + 4 = 9$$
$$1 + 2 + 3 + 4 = 10$$

（図3-1）

　さらに，もう一歩踏み込んで，1から10までで作ることのできる，4つ

の数の組を他にも見つけるという問題はどうでしょうか(図3-2)。

このように，自分たちで問題の条件を変えて，新しいパズルを作って子どもたちに挑戦させましょう。

1, 3, 5, 7ではどうでしょうか.

(7＋1)÷(3＋5)＝**1**　　(5＋7)÷(3－1)＝**6**
(1＋3)÷(7－5)＝**2**　　(7－5)×3＋1＝**7**
(5＋7)÷(1＋3)＝**3**　　7＋5－3－1＝**8**
(3－1)＋(7－5)＝**4**　　(7＋5－3)×1＝**9**
(7－5)× 3－1 ＝**5**　　7＋5－3＋1＝**10**

(図3-2)

---

6. はしけん

土佐の高知に箸拳というゲームがあります。子どものゲームではなく，おとなが宴席で興じるものです。宴もたけなわになると，「やるかや」「おお，やっちゃおぜや」と，誰言うともなく始まります。高知の言葉で，乱暴で荒々しいことを「あらくたい」と言います。

ただでさえ，あらくたい土佐弁です。それが，酔いに任せての箸拳ですので，その凄まじさはまるで喧嘩です。当人たちは至極和気藹々のつもりですが，県外から来た方たちは肝を潰します。

箸拳は，簡単に言えば，二人の手に隠された箸の数の合計を当てるゲームです。二人が3本ずつ，赤い箸を持ち，後ろ手に背中に隠し持つのです。その中の何本かを合図で前に出します。その合計の箸の数を当てるのです。

先攻，後攻とか禁手とか，いろいろと面倒なルールはあるのですが，詳細は，もしいつかお会いすることがあったら伝授します。ここで箸拳を紹介す

るのは，それが算数の授業で使えるのではないかと考えるからです。

　「数当てゲームをしようか」
と私が言うと，「やったあ」と大喜びです。子どもたちは，とにかくゲームと聞いただけで目の色が変わります。
　「ルールを説明するよ。みんな３つずつオハジキを持ってごらん。先生も３つ持ちます。それで，『じゃん，けん，ぽん』でオハジキを右手に握って前に出します。それで，先生のオハジキとあなたのオハジキを合わせるといくつになるか」
　「ええっ　それなら，６つに決まってるじゃん」
　「そんなのゲームにならないよ，ただのたし算だよ」
　なかなか口の達者な子どもたちです。
　「そうかなあ。まあ，とにかくやってみよう。いいかい。『おはじきじゃんけん，じゃんけん　ぽん』」
　私の掛け声を合図に，みんな元気に握り拳を前に突き出します。私も負けずに元気に拳を出します。
　「さあ，合わせていくつかな」
と言おうとすると，，言い終わらないうち

> 6

という声が返ってきました。私は，その声より一拍遅れて

> 5

と言います。子どもたちが「おやっ」という顔で私を見ます。
　「さあ，どっちが勝ったかな。みんないくつ持ってるの」

> 3つ

黒板に大きく3と書きます。
「先生は」
と言いながら，握った手を開きます。
「2つです。合わせて，5です。先生の勝ち」
言った途端，教室の中は大騒ぎ，蜂の巣どころじゃない，動物園をひっくり返したような騒ぎになりました。
「ずるいよ。絶対ずるい」
芳子など，もう涙目で抗議です。こんなときに怒ることのできる子どもはいいなあと思います。自分を素直に表出できるというのが子どもなのです。騒ぎたいだけ騒いでいいのです。しかし，その次も大切なのです。
「よし，分かった。でもね，先生にも言いたいことがある」
この一声で子どもたちは静かになります。「静かになります」と書きましたが，静かにならなかったらどうするか。こんな些細なところで，意外と授業そのものが，いや，学級経営そのものが左右されているという現実によく出会います。後でゆっくり考えてみることにしましょう。ここでは，私の子どもたちに静かになってもらいます。
「さっきルールの説明をしたよね。あの部分の録音を聞いてみるよ」
もちろん，録音などしていません。しかし，子どもたちは私のこの言葉の意味をよく知っています。今までにも何度もこんな場面を経験しているのです。
例えば，
「さっき聡史の言ったことを，VTRでもう一度。はいどうぞ」
「ビデオは無理だよ。声だけ」
「よし，では，録音テープを再生してください。スタート」
という調子で，授業の中で，この手法はたびたび使っているのです。「もう一回言ってごらん」とか，「先生の言ったことを思い出してごらん」とかいうより，子どもたちへこちらの意志がよく伝わるのです。
「キュルキュルキュル」みんなで，テープの巻き戻し音をやります。

「はい，では再生ボタンを押します。ポン」
そして，私がゆっくりと話し始めます。
「みんな３つずつオハジキを持ってごらん。先生も３つ持ちます。それで，１，２，３でオハジキを右手に握って前に出します。それで，先生のオハジキとあなたのオハジキを合わせるといくつになるか」
子どもたちは真剣な表情で聞いています。
「ほらね，先生は，『オハジキを右手に持って前に出します』と言ってるでしょう。前に出すおはじきは全部とも３つとも言ってない」
私の説明に，子どもたちは納得するしかありません。
「うん，分かった。じゃあ，もう一度やろう。さっきのは，なしね」
とやる気充分です。
「では，準備はいいですか。『おはじきじゃんけん，じゃん，けん　ぽん』」
今度は，みんなでかけ声です。
「５」「４」「６」といろいろの声が聞こえます。
私が握りこぶしを開いて見せ，「３」と大きな声でコールしました。またまた，大騒ぎです。立ち上がってガッツポーズ。残念がるもの。もう大変です。
「ずるいよ，ずるいよ」
とむきになっている子がいます。靖史です。
「どうしたんだ，靖史」
と聞くと，
「隅田くんはずるいよ。５と言ったのに，勝ったと言ってる。一つしか持ってないのに」
と訴えます。ずいと言われた益男は，
「おれは４と言ったもん」
と口をとんがらせています。
これは，私が悪かった。子どもたちはずるいことをしようとは思ってなくても，自分のコールした数など忘れて「勝った」といいます。その数を周り

が聴き間違えることもあります。きちんと自分が決めた数を見失わないように手はずを決めてなかったのが失敗です。

それから，後は，コールした数と結果を(図2-1)のように書くことにしました。

コールしたかず	あいてのかず	じぶんのかず	ごうけい	かち・まけ
5	3	1	4	×
6	3	3	6	○
4	0	3	3	×

(図2-1)

しばらく，この数当てゲームを楽しみました。

ルールを少し変えると，ゲームは複雑になり，頭を使う勝負に変身していきます。

このゲームの面白さは，相手がいくつ持っているか，予測しながら自分の持つ数を決めるところです。

「オハジキを右手に持って…」というルールなので，本当は少なくとも一つは持たなければならないのですが，ちょっとルールを変更して，何も持たない手もありということにします。つまり，手の内「0」も許すのです。するとコールする数の範囲は0から6ということになります。全ての場合を上げると下図のようになります

```
a  0 0 0 0 1 1 1 1 2 2 2 2 3 3 3 3
b  0 1 2 3 0 1 2 3 0 1 2 3 0 1 2 3
   0 1 2 3 1 2 3 4 2 3 4 5 3 4 5 6
```

2. 数や計算に対する瞬発力を育てる

　なんと16もの組み合わせがあるのです。この中で勝負をするのですから，思ったより複雑なゲームなのです。

　もし，先攻，後攻があったとしたらどうなるでしょう。同時にコールするのではなく，先攻が，まず，コールします。その数を聞いた後で，後攻がコールします。

　もし，先攻が「0」と言ったなら，自分の手の中は空っぽであることを白状しているようなものですから，後攻は例えば3個持って「3」と言えばいいことになります。

　先攻がコールするのにいちばん有利な数はいくつでしょうか。0，1，5，6は論外です。先ほども言ったように，コールしたとたん，自分の持っている数を殆ど相手に教えているようなものです。表をみてください。二人の持っているおはじきの数が3の場合が4通りもあります。だから，先攻はまず「3」というのが確率的にも，作戦上でも有利ということになります。後攻も本当は「3」と言いたいところですが，自分の持っている数を考えに入れながら，残されている数をいうしかありません。

　相手の心理を読みながら，自分の手の中のおはじきの数を加減する。そして，相手の裏をかく。この作戦の駆け引きが面白くてつい躍起になってしまいます。登場する数の範囲は小さくて，計算練習というほどのことではありませんが，数のイメージを巡らせるためには，楽しみながら考えるいい場面だと思います。

3 計算力を考える

① 「は・か・せ」

　計算の指導について，根っこのところから考えてみたいと思います。計算するとは，何をすることか。計算をなぜ教えなければならないのか。そんなところに目を向けてみたいのです。

　なぜ，そんなことをするのか。計算について教える内容は，学習指導要領という国の公文書できちんと決められています。計算は何が何でも教えなければならないことなのです。各自が勝手にその内容を動かすことはできません。そんな事情のなかで，今更，計算を教える理由などを問うて何になるのでしょうか。

　ずばり言えば，筆算指導を見直したいのです。今，現場では，計算の指導といえば，即，筆算の仕方を教え，練習させることを意味します。子どもたちは，筆算の形式を身につけることを厳しく要求されます。そして，筆算の練習をすることが，算数の学習だと思い込んでいる子どもが多いのです。

　私たちは，日常，ひとつの用語を使い続けていると，その言葉を自明のことのように思い込んでしまう傾向があります。そして，それが自分の実践に対する根っこからの反省を阻んでいます。

　計算力という言葉もそのひとつです。計算力という言葉を私たちは空気のように使い慣れています。「もっと子どもたちの計算力を高めなければならない」などと言われても，何の疑問も起きません。「そのとおりだな」と漫然と頷いてしまいます。「計算力って何ですか」と問い返すことはまずありません。

　しかし，改めて「計算力とは何だろう」と問い直すと，意外にその意味の輪郭が曖昧なことに気づきます。「与えられた計算が速く正しくできること

3. 計算力を考える

かな」と一応の答えは見つかります。しかし，次に「それだけでいいのだろうか」という思いがむっくと起き上がってきます。「計算が速く正しくできるだけなら計算機にはかなわない。だとすると，電卓のような子どもにすることが計算力を高めるということになる。それでは，何か変だなあ」と思わず心の中で呟いてしまいます。あるいは「機械にほとんど頼っている今の世に，今更，速く正確に自分の手で計算することがそれほど必要なことだろうか」などとも考えてしまいます。

　この疑問や問題意識は，そのまま，毎日の計算の授業の実践に関わってきます。もうひたすら筆算を繰り返し練習するばかりではいられません。計算の授業では何を大切にし，何をしなければならないのか，真剣に考えないではいられなくなります。日常使い慣れた用語への見直しが，自分の実践への大きな反省を促し，授業を変えるきっかけになるのです。

　逆に言えば，使い慣れた用語に，無反省のまま押し流されていくのは，授業を仕事にしている私たちにとっては怠慢ということになります。「慢」という字を辞書でみると「だらだらと長く緩んでいること」とありました。緩んだ空気の中で，使い古した用語を無批判に使い続けるのは恐ろしい気さえします。この怠慢は気づかないうちに忍び寄ってきます。心に決めて戦いたいという気持ちです。

　最近，参観した授業の中で，授業者が子どもたちに「『はかせ』が大切だね」という場面に何度か出会いました。何のことか分からなかったので，後で聞くと「速く，簡単に，正確に」という，3つの語の頭文字を並べて「はかせ」なのだといいます。複雑な問題場面でも，できるだけ「速く，簡単に，正確に」答えを求めることのできる方法を見つけようという方針が，この「はかせ」に込められているのです。

　確かに，一見，それは大切なことに見えます。「遅くて，面倒で，不正確

な方法」など有難くありません。結果だけから見れば,「は・か・せ」は求める価値のある状況です。では,速く,正確に計算できることを計算力と考え,ひたすら「は・か・せ」を求め続けてよいのでしょうか。

「は・か・せ」の代表選手は筆算です。筆算に頼れば,あれこれと考える必要はありません。決められた手順通りに処理すれば正しい答えに到着できるのですから,こんな便利な方法は他にありません。計算ができるようになることを授業の目標にするとき,筆算がその対象になることは当然のことです。

しかし,私たちの求めているのは,子どもたちの能動性を引き出すことです。234÷18というわり算を前にして,ただ,その方法を教えてもらうのを待っている子どもたちにしたくはありません。とにかく自分の納得のいく仕方で,答えを出したいと,この計算に働きかけていくことのできる子どもにしたいのです。

234÷18は,234の中に18が何個入っているかということだ。だったら,234から18を次々と引いていけばいい(図3-1)。それなら,誰でも思いつくはずです。そこから出発するのです。18を一つずつ引いていく,その作業に実際に取り組んでいるうちに,いろんな,次の一手が見えてきます。

「これは面倒だ。そうだ,18の2個分の36ずつ引いていこう」とか,「ええいっ,10個分の180をまず引いてしまえ。そしたら,残りの54を18で割ればいいことになる」とか,様々の働きかけ方が,子どもの中に湧いてきます。そういう授業をしたいし,そういう活動に身を

```
  234
-  18
─────
  216
-  18
─────
  198
-  18
─────
  180
-  18
─────
  162
   ⋮
```

(図3-1)

置くことのできる子どもたちに育てたいのです。
　そういう立場に立つとき，ひたすら，当然のように「は・か・せ」を目指す授業には，批判的にならざるをえないのです。

② 計算力とは

　では，改めて計算力について考えます。計算力，「即，速く正しく答えを出せること」では飽き足りないことは，ここまでに何度も述べてきました。しかし，計算ができることは，確かに計算力の大切な要素であることはまちがいありません。計算指導であるからには，計算ができるようにすることが目標になることは，当然すぎるほど当然のことです。ただ，問題は，計算ができるということの意味です。

　300×2を筆算で計算する子どもに出会ったことがあります。4年生の研究授業を参観していたときでした。黒板に自分のしたことを発表していた子どものひとりが300×2の式を書いたあと，それを筆算でちょこちょこと書き計算すると，さっと消しました(図3-2)。あまりにも素早かったので，授業者は気づかなかったようでした。でも，私は「あっ」と思わず声を出しそうになりました。自分のイメージの中で処理するのが当然だと思う計算なのに，それを筆算という形式に頼ってしまう，その子どもの姿を寂しく感じたのです。

```
  300
×   2
  600
```
(図3-2)

　子どもたちの中に，彼らが働きかけることのできる豊かな数や計算の世界を作りたいのです。筆算ができるというのは，その世界のほんの一部です。

39

その筆算しか頼るものがないという姿に、彼の持っている世界の貧しさを感じます。というより、彼をそういう情況においている教育的な環境に憤りを覚えるのです。

筆算には数のイメージは希薄です。イメージを伴って数に働きかける必要がありません。筆算は、その決まった手順（アルゴリズム）に従いさえすれば、頭を使わずに答えに辿り着くありがたい計算方法です。だから、それを身に付けることは素晴らしい計算方法を手に入れることになります。

しかし、子どもたちに自分の持っている数や計算のイメージを手掛かりにしながら、対象に働きかけていく力を付けたいと願う授業者からすれば、筆算は決して有難がってばかりはいられないのです。筆算指導に偏り過ぎるとき、子どもたちの計算に対する能動性はどんどん弱くなっていきます。

子どもたちの数や計算の世界が貧弱なものに陥っていくのです。

筆算を徹底して練習すればするほど、数や計算に対する感覚は鈍くなっていくということになるかもしれません。恐ろしいことです。かといって、やはり筆算の練習もしなければならない。そこに大きな問題と課題があるのです。

> **計算力は計算について考える力です。**

２年生でかけ算九九の学習が終わった後、「九九を超える」という授業をしたことが

$$
\begin{aligned}
3 \times 1 &= 3 \\
3 \times 2 &= 6 \\
3 \times 3 &= 9 \\
&\vdots \\
3 \times 7 &= 21 \\
3 \times 8 &= 24 \\
3 \times 9 &= 27
\end{aligned}
$$
〉九九の学習

$$
\begin{aligned}
3 \times 10 &= \\
3 \times 11 &= \\
3 \times 12 &=
\end{aligned}
$$
〉初めてのかけ算

(図3-3)

あります。2年生にとって例えば3の段の九九は3×1に始まって3×9までです。そこをさらに越えて，3×10，3×11，・・・と考えていこうというわけです(図3-3)。

　授業の詳細は省きます。3×10＝30，3×11＝33と進んだ後で，いきなり「では，3×16はいくらだろう」と問いかけました。子どもたちは，計算の意味さえ分かっていれば，新しい計算に対して「たい」を発生させます。3×16は，かけ算の意味は知っているわけですから，「3個ずつの串団子，16本で，団子はいくつ？」と読むことはできます。新しいのは，乗数が九九の範囲を大きく越えて16になっていることだけです。
　たちまち子どもたちはいろんなことを始めました。
　3×9＝27の後に並んでいるかけ算に，順に答えを書き込んでいく子どもたちがいちばん多くいました。答えを3ずつ増やしていけばいいのですから，3×18までその作業を続けてもさほど苦労はありません。

　ある子どもたちは「たこ焼き」3つずつの塊を18組描き始めました。その図をもとに，3×18を求めるつもりです(図3-4)。　18を3回足そうとした子どもたちもいました。3×18を18×3と変身させるというのです。

　どの子どもたちも「まだ習っていないからできない」とは言いません。自分なりの一手を持っているのです。その一手で，目前にある計算に働きかけています。今，

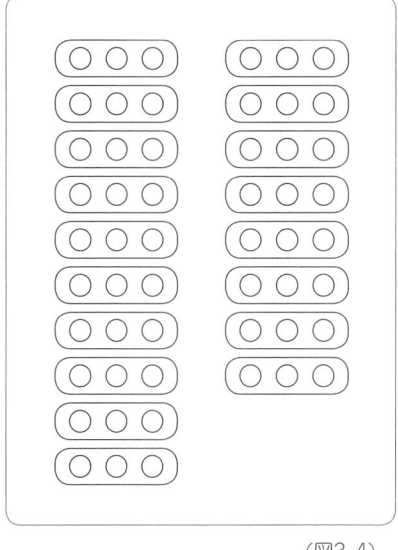

(図3-4)

初めて出会った計算ですから，大げさに言えば「未知との遭遇」です。しかし，未知だからといって，後退りもせず，教えてもらうのを待っているのでもない。自分から向かっていっているのです。

　その基礎は，直前のかけ算九九の学習にあります。そこで学習したことを積極的に使っています。自分の得た知識や方法を決められた対象だけではなく，未知のものに向かって使っている。これも立派な計算力です。

　たこやき3個のパック入りを18パック描いた子どもの図を発表させました。そして，それをみんなで数えることにしました。数えるといっても，一個，一個数える子どもはいません。かけ算九九を使って数えるのです。

　18パックの中に3×9のブロックが2つ見えた子どもは，3×9＝27から，27＋27を計算し，18パックのたこ焼きの数を54としました（図3-5）。（図3-6）のように描いた子どもたちは，3×18が6×9と等しくなることを見つけました。大喜びです。

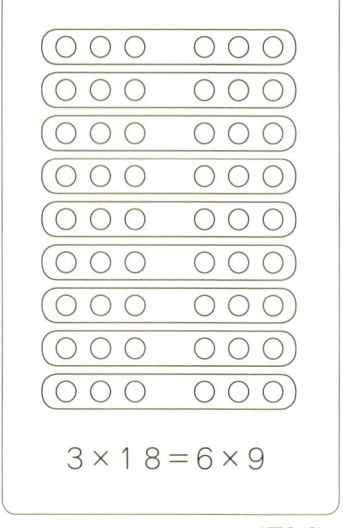

(図3-5)

3×18

3×9＝27　3×9＝27
3×18＝27＋27＝54

(図3-6)

3×18＝6×9

ひとつの計算を孤立させないで，他の計算との関係を観ることができる。これも大切な計算力だといえます。

改めて，計算力とは何か問います。「答えを速く正しく求めることができる力」というのが一つの答えです。しかし，計算機器が普及してきた現在，この目標にひたすら向かうだけでは飽き足らない。もっともっと子どもたちの働きかけていく世界を広げていくことを，算数の授業の目標にすべきだと思います。その対象として，数と計算を見なければならないことを強く強調したいのです。つまり，計算力とは「計算について考える力」と言いたいのです。（考えるとは何をすることか，それは，第一章で述べました。参照してください）

③ 計算について考える力

それにしても，「考える力」というのではあまりにも曖昧です。具体的にどのようなことをいうのでしょうか。

指導要領には，「計算ができるようにする」と「計算の仕方を考える」という言葉はたくさん出てきます。もちろん，それも大切ですが，私はそれに加えて（あるいは，それを含めて），計算について考えるということを強調したいのです。

計算について考えるとは，ただ，計算のしかたを考えるのとは違います。計算というと，すぐに答えを求めるという作業につなげてしまいます。しかし，答えというのは何でしょうか。答えを求めるというのは何をすることでしょうか。

私たちは日常語として「計算する」という言葉を使います。そのひとつの意味は，結果や展開を予測することです。今，与えられている情報をもとに

して，次のことを推し測るのです。また，数や式を演算の法則に従って結果を出したり，式の変形を実行したりするという意味もあります。算数でいわれる「計算する」は主に後者です。しかし，前者の予測するという意味も気になります。要するに，計算するというのは，今，与えられている情報の形を変えて，自分のこれからの行動を決めたり，予測したりすることといえないでしょうか。

そう考えると，計算する，答えを出すという意味がはっきりと見えてきます。卵が縦32個，横18個，箱に入っている。その卵の数を表したのが32 × 18という式です。という意味で，32 × 18はひとつの情報です。

計算するというのは，情報の形を変えることです。確かに，32 × 18を576と書き直すと，安定していて大きさも分り易い。しかし，12 × 48というのも答えではないでしょうか。

$$
\begin{aligned}
32 \times 18 &= (4 \times 8) \times (3 \times 6) \\
&= (4 \times 3) \times (8 \times 6) \\
&= 12 \times 48
\end{aligned}
$$

この式の形の方が，目的に合っているという場面だってあるでしょう。例えば，32 × 18の卵を12個入りのパックに詰め替える場合，何パックになるか知りたい人にとっては，12 × 48が結果としてはいちばん有難いことになります。計算の結果をひとつの数で表すことだけが計算であり，その技術を付けることだけが計算指導の眼目というのでは狭すぎると思うのです。

計算について考えるということは，計算をどれだけ多面的にみることができるかということと関わっています。当然，従来の答えを求めるという行為も，その中に含まれています。

計算について考えるとは，どんなことを言っているのか，ひとまず羅列してみます。

あ 計算どうしの関係をみることができる

例
- 3の段と7の段の和が10の段になっていることを観る
- 32 × 18 と 32 × 9 の関係を観る
- 32 ÷ 4 と 32 ÷ 8 の関係を観る　etc.

い 計算の大きさを変えずに形を変えることができる。

例
- 7 + 6 = 10 + 3
- 42 − 28 = 44 − 30
- 2.4 × 3.2 = 24 × 32 ÷ 100
- 2.4 ÷ 3.2 = 24 ÷ 32 = 3 ÷ 4
- 32 × 18 = 64 × 9 = 640 − 64 = 664 − 64 − 24 = 600 − 24　などと遊ぶことができる．etc.

う 同じ答えの計算を集め，そこにきまりを見出すことができる

え 計算のイメージを持ち，計算に働きかけることができる

例
- 256 ÷ 12 を計算するために 256 ÷ 6 を計算し，その答えを半分にする。

お 計算式を読んだり，計算式で考えたりする

- 10 × 10 × 3.14 を「一辺が 10cm の正方形の面積の 3.14 倍」と読む (図 3-7)。
- 10 × 10 × 3.14 = (20 × 3.14) × 10 ÷ 2 として，この式を三角形の求積公式とみる (図 3-8)。

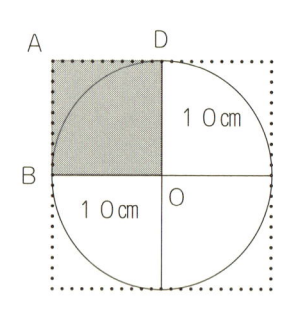

円の面積＝（１０×１０）×３．１４
　　　　＝正方形ABODの面積×３．１４
　　　　（４倍よりは，ちょっと小さい）

(図3-7)

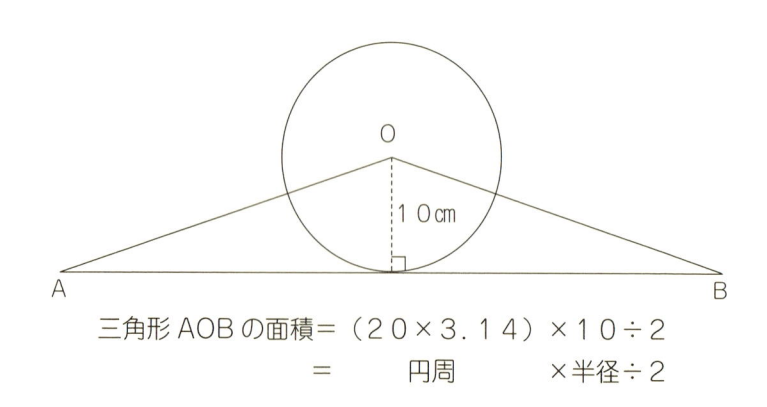

三角形AOBの面積＝（２０×３．１４）×１０÷２
　　　　　　　　＝　　　円周　　　×半径÷２

(図3-8)

④ 計算について考えることと筆算

　計算について考えることと，筆算ができることとは，どのように関わってくるのでしょうか。ここまで述べてきたことと，重複しますが，もう一度書きます。

　筆算は計算に働きかけているというイメージが希薄です。イメージを浮かべる必要がないのです。筆算は，そのアルゴリズムに従いさえすれば，頭を使わずに答えに辿り着くことができます。極めてありがたい計算方法です。だから，それを習得することは，素晴らしい技術を手に入れることになります。しかし，自分のイメージを手がかりに対象に働きかけていく力を付けたいと願う教育の立場からすれば，それは，決してありがたい存在ではありません。筆算指導に偏重するとき，子どもたちの計算に対する能動性は消えていくのです。

　身に付けないよりは，付けておいた方がよいのではないかという人がいるかもしれません。しかし，それだけが，強調されて指導されると，子どもたちは算数を学習するということは，形式的な方法を手に入れることだという学習観の中に，どっぷりと浸かってしまうことになります。これが恐ろしいのです。

　前にも書いたのですが，計算に出会うと，もう筆算しかできないという子どもがいます。自分で計算に働きかけるという積極性を完全に放棄しているのです。筆算しか頼るものがない。その姿を見たとき，怒りにも似た思いが込み上げてきます。無論，子どもたちに対する憤りではありません。そういう，子どもたちの姿を作り出した教育的な環境がやり切れないのです。

　どうすればよいのか。今，この問題を快刀乱麻の如く解消する手はありま

せん。何を積み上げていけばいいのか，じっくりと考えを進めていきたいと思います。
　ここでは，問題点を列挙しておくに留めておきます。先ほどの計算力の話と重複している部分がありますが，そのままにしておきます。計算について考える力を付けるためには，①〜⑥までのことが必要だということです。

① 数や計算への瞬発力があること
② 数や計算のイメージを持ち，そのイメージをもとにしながら数や計算に働きかけること
③ 計算と計算の関係が見えること
④ 結果（答え）への複数の道筋を見出せること
⑤ 答えに意味のある計算をすること。計算を使うこと
⑥ 筆算を使って，正しく答えが出せること

これから，後，これらのことについて詳しく述べていきます。

⑤ かけ算九九指導の問題点

　かけ算九九の指導についてどうしても気になることがあります。日本の子どもたちは，かけ算九九を音声で唱えて覚えます。唱える九九は，他の国にはない独特の文化で，子どもたちの計算が速いのは，このかけ算九九のお陰だと誰もが絶賛します。確かに，そういう側面はあります。唱える九九がなかったら，81個のかけ算九九（半九九でも45個）を覚えるのには大変な努力が必要です。2年生の先生は途方に暮れることでしょう。確かに，唱えるかけ算九九はありがたいと思います。

しかし，そうかといって，これほどまでに唱える九九に頼ってしまっていいのでしょうか。多くの２年生の教室では，子どもたちが先生の前で，暗唱してきた九九経を唱え，うまくできれば合格のシールを貼ってもらうという光景が繰り返されています。「唱える」を辞書で引くと「特定の文句や経文などを声に出して言う」とありました。九九指導の大半は九九経を覚えさせることに費やされているのです。音声で唱えられている九九には数感覚はありません。「さんぱにじゅうし」というとき，３を８個分集めるという意識はないのです。「さんしじゅうに」
との関係も見えません。そんな状況の中でひたすら唱えているのです。そこに算数はありません。

```
3×1=  3
3×2=  6
3×3=  9
3×4=12
3×5=15
3×6=18
3×7=21
3×8=24
3×9=27
```

（図3-10）

　「しちしにじゅうはち」を子どもたちが間違え易いのは，単に語呂がよくないという音声上の問題であって，数の組み合わせが難しいからではないのです。

　書いて九九を覚えるということをもっとやるべきです。例えば，３の段を右のように，きちんと書いていく（図3-10）。かけられる数，かける数，×，＝の記号もぴたりと縦に並ぶようにします。積の十の位，一の位も縦に揃うようにします。だから，３，６，９は，＝との間に意識してスペースを置かなければならないのです。これは厳しく教えることです。

　式は端正に書かなければならないのです。これは，算数では数少ない躾けなければならないことのひとつです。それは，見た目の美しさを愛でるためではありません。数学にとっては，本質的な問題です。数学の言葉は式です。その式を端正に書くことは，国語で言葉を正しく使うことと同じように要求

されることなのです。

　このことを考えるとき，最近，乱雑な数字や式を書く子どもの多いのが気になります。「何でもいいから，頭に浮かんだ九九を一つ書いてごらん」と指示すると，小さな力のない九九をぽつんと書きます。いかにも筆圧が弱く，筆の終わりが幽霊の裾のように流れて止まっていません。書く速さが問題だと思います。速く計算することを要求しすぎるために，字が雑になっているということはないでしょうか。

　ゆっくりと落ち着いて，式や数を書くようにすることが大切です。例えば，九九をきちんとゆっくり書かせます。書くといろいろなことが見えてくるのです。

　3の段をゆっくりと書くといろんなことが見えてきます。ただ，ぼんやり書けと言われたから書くというのでは，なにも起きないでしょう。気を付けて見るのです。あるいは，注意して見るのです。

　注意するとは「意を注ぐ」ことです。気を付けるの気も，注意するの意も，心に近い語です。心は自分の中に静かに溜まっている清水のようなものでしょうか。大久保彦左衛門の家来―心太助が，「一心，鏡の如し」などと見栄を切るシーンをふと思い出します。それに対し，気や意は，その心から飛び出していく波のようなものであるともいえます。気を付けるは，自分の心から出て行った「気」を相手に貼り付けるのです。また，自分の心から発した「意」を水を注ぐように対象に向けていくのが注意なのです。心には，相手に働きかけていく姿もあるのです。

　自分勝手な解釈を楽しんでいるような気がしますが，もうちょっと付き合ってください。つまり，人間は，自分から気や意を発して相手から新しい情報をとらえようとすることができるということが言いたいのです。先ほど，それを波のようなものだと書きましたが，波という比喩がぴたりだと思います。レーダーの電波がイメージにあります。航空機の管制などで活躍している

レーダーは，指向性の高いマイクロ波を発射して，それが対象に当たって反射して返ってくるのを捕らえ，その位置を知るシステムです。同じように子どもたちも，対象に対してレーダー波を出しているように見えるのです。

　私は初めて出会った子どもたちと授業をするとき，最初に，黒板に「まさきさま」と縦書きします。その瞬間「あっ，面白い」と反応する子どもたちはこのレーダー波を出している子どもたちです。1，2年生だと，「反対から読んでみると…..」と促して，初めて「面白いね」と返ってきます。レーダーの波が弱いのです。この子どもたちの出す，対象から新しい情報を取り出そうとする波のことを能動波と呼ぶことにします。私が勝手に造った言葉です。

　寄り道をし過ぎました。もう一度，かけ算九九の話に戻ります。音声で唱える九九に対しては，能動波は出すことができません。それに対し視覚で捕らえることのできる状態，つまり，自分で書いた九九は能動波の対象になり易い。書くという作業は，さらに能動波の威力を強くし，集中度を高めます。書くということが如何に能動波の効果を高めるか。試しに，自分の心にかかった文章を書写してみるといいです。思いがけないほどに心に残り，いろんなことが見えてきます。
　だから是非，騙されたと思って3の段だけでいいから，実際に書いてほしいと思います。子どもたちに何が見えてくるか，書いている子どもたちの気持ちになって書いてほしいのです。十の位の繰り返し，一の位のリズミカルな変化。十の位と一の位の和の面白さ。答えの和を見ると，30がいっぱいあったり，24になる組み合わせが見えたりします。
　算数の先生であるおとなには，新鮮なものではないかもしれません。でも，初めて，3の段と向かい合った子どもたちだったらどうでしょう。このどれかひとつでも自分の能動波でとらえることができたら，その子どもにとって，算数観を変えるほどの大事件になることでしょう。実際，そのことを見つけ

た子どもたちが目を輝かせて発表したり，私のところへ訴えるように話にきたりした場面を何度も経験しました。

3の段を下のように，横に並べて書き，その下に対応させながら7の段を置く。すると，縦に10，20，30……，という数が見えてくる。ここを出発点にして，ひとつの大きな活動に発展させていくことができます。

```
3×1＝ 3     3×2＝ 6     3×3＝ 9
7×1＝ 7     7×2＝14     7×3＝21

3×4＝12     3×5＝15     3×6＝18
7×4＝28     7×5＝35     7×6＝42
```

3の段と7の段を足すと10の段ができる。このきまりを一般化していくと，2位数×1位数の計算の方法が見えてきます。

能動波を積極的に射出する子どもたちを育てるためには，その機会を沢山保障すること，それしかありません。

4 計算の導入を考える

1. 筆算のたし算を楽しむ

　筆算の指導は二つの段階に分かれます。一つは，筆算の形式を教える場面であり，もう一つは，形式が子どもに安定して定着した後の習熟を図る場面です。この二つの段階を意識しないで，ただやたらに練習を繰り返しても丸太切り作業のようです。

　「丸太切り練習」という喩えは，よく伝わらないかもしれませんが，鋸で意味もなく丸太を切らされている人を想像しています。とにかく「やれ」と指示されて，与えられた計算問題に向かっている子どもたちの姿が丸太を切らされている人のそれに重なって思わず，この言葉を使ってしまいました。

　筆算指導の最初の段階で子どもたちは初めて筆算の形式を学びます。その後で，それをいくつか使ってみることは必要です。何を作るためでもないが，2，3本丸太を切って，鋸の切れ味，使い方を試すこと。これはとても大切なことです。しかし，それは最初の段階であって，それから後，来る日も来る日も山ほど丸太を切らされたのではたまったものではありません。

　いったん筆算の形式を手に入れたなら，それを使って小さな旅に出かけた方がいいのです。新しい場面の中で，手に入れた筆算を使って活動してみるのです。

　23＋45のような繰り上がりのないたし算の筆算を教えます。教えたら3つ，4つ練習をさせます（図4-1）。そして，この形が一応できるようになったなら，例えば，次のような小さな旅に出てみてはどうでしょうか。

```
  32        54        65
 +27       +42       +34
```

（図4-1）

4. 計算の導入を考える

　1，2，3，4の4つの数を使って□□＋□□の計算を作ってみようという世界に引き出すのです。子どもたちは最初、思いつくままにたし算を作るでしょう。しかし、しだいに、「同じ計算は作らないようにしたい」とか「答えの同じものを集めてみたい」とか、「大きな答えになるのを作りたい」とか、子どもたちは自分の中に鯛を泳がし始めます。

　こうなると、もうそれは丸太切りではありません。自分で対象を決め、自分でそれを計算し、新しい風景を見つけて楽しんでいます。小さな旅です。

　4つの数を組み合わすのだから、全部で24通りの計算ができます（図4-2）。もちろん、その全てを書き上げることは2年生には無理です。それでも重なりができないように順序よく組み合わせを作っていく子どもたちがいます。

```
 12    12    13    13    14    14
+34   +43   +24   +42   +23   +32
 46    55    37    55    37    46

 21    21    23    23    24    24
+34   +43   +14   +41   +13   +31
 55    64    37    64    37    55

 31    31    32    32    34    34
+24   +42   +14   +41   +12   +21
 55    73    46    73    46    55

 41    41    42    42    43    43
+23   +32   +13   +31   +12   +21
 64    73    55    73    55    64
```

（図4-2）

いちばん答えが大きいのが73で，いちばん小さいのが37．「あっ，数の並び方が反対になっている」と喜ぶ子どもたちが出てきます。64，46という答えの計算も見つかります。他の答えの計算はできないか，じっと数の列を見つめている子どもたちもいます。答えが55のたし算も見つかりました。

　たし算の交換のきまりなどと改めて教えなくても，この作業の中で，そのことは，子どもたちはとっくにそのきまりを見つけているのです。
　「あっ，10になってる」
と呟いている子どもたちがいます。73，37，64，46という4つの答えの十の位と一の位の数の和が十になっていることに気づいたのです。55にも確かに十が見えます。
　「ほう，面白いことに気づいたね。うん，なるほどこれは面白い」
と，こちらも初めて気づいたように褒めてやります。そして，
　「あれ，もう一つ十があるよ。先生には十がもう一つ見えた」
と促すと，子どもたちの目の色が変わります。やがて，
　「見えた。見えた」「ぼくにも見えたよ。十がある」
と騒ぎだす子どもたち。材料に使った。1，2，3，4の和が十になっているのに気がついたのです。
　「先生，1，2，3，4の数を変えてやってみようよ」
と子どもたちが言い出します。
　「ああ，いい鯛だな。素晴らしい鯛だ。大漁だ」
と先生は大喜びです。
　「よし，では3，4，5，6でやってみよう」
　当然，子どもたちは，この3，4，5，6（和は18）の4つの数で作ったたし算の答えでも自分たちで見つけたきまりが現れるだろうかと興味津々です。早く確かめたいというやる気いっぱいの状態になっています。ところが，
　3，4，5，6でたし算を作ると35＋46のように繰り上がりのあるたし

4. 計算の導入を考える

算ができます。これはまだ子どもたちは未習です。子どもたちには初めての計算なのです。

　繰り上がりのないたし算の筆算の学習の後は，当然，この繰り上がりのあるたし算の学習が待っています。そこで，こちらが不自然に繰り上がりのあるたし算を提示しなくても，自然に子どもたちが，そのたし算に出会うことになれば，これはしめたものです。繰り上がりのあるたし算の存在に子どもたちはどのように気付き，それをどのように越えていくか楽しみができました。

　この授業では，子どもたちは自分で作ったたし算を答えの大きさで分類して楽しんでいます。つまり，ここでは，答えが彼らにとって無意味なものではありません。さらに作られたたし算どうしの関係も見ています。

　例えば，（図4-3）の4つの答えが同じたし算ということを認め，そこに並んだ数の組み合わせを観察しています。そして，たし算の交換のきまりを意識するのです。交換のきまりとか「足す数と足される数を入れ替えても答えは同じになる」とかことさらに言わなくても当然のようにみとめています。図のように一の位の数を入れ替えても答えの変らないことも知るのです。

```
  34      36
 +56     +54
  90      90

  56      54
 +34     +36
  90      90
```

(図4-3)

　このように，自分たちの活動を通して，計算や数について慣れ親しんでいくことができます。そこで育まれるものは，知識とか技能とかというよりも，もう感覚と呼んだ方がいいでしょう。この数や計算に対する感覚が本当の計算力の支えになるのです。

57

2. 繰り上がりのあるたし算

2年生の2位数どうしのたし算の導入は，多くの教科書が実際の生活の場面から入っています。

> たかしくんはお楽しみ会のじゅんびで，わかざりを
> 34こ作りました。よし子さんは27こ作りました。
> 合わせて何こ作ったでしょうか

というような場面で式を作らせ，計算の仕方を考えていくのです。しかし，架空の二人の子どもの作ったわかざりの数をたしてみたいという「たい」は子どもの中にいません。小さな鯛でもいいから，子どもたちの鯛を引き出そうとするなら，ちょっと工夫が必要です。

例えば，一度，この問題をさっと読ませておいて問題文を隠します。そして，「さあ，二人の作ったわかざりの数は，合わせて50より大きいか，小さいか」と聞きます。まことに姑息な手で上質でないことは認めますが，結構，子どもたちは集中することも確かです。多くの子どもたちが，もう一回問題を見たい，数を確かめたいという「たい」を発生させます。

ちょっと寄り道になりますが，私は，このような一過性の一見つまらない「たい」も大切にしたいと考えています。特に授業の初めの段階では，全部の子どもたちが一点を見つめ，集中する「たい」が必要なのです。「たい」は二種類います。受動的な鯛と能動的な鯛です。ここに現れている鯛は，先生の指図に促されて頭を出している受動的な鯛です。

4. 計算の導入を考える

　子どもたちにもう一度問題文を見せます。子どもたちは，今度は問題文を意識して読みます。特に，数に意を注いで見るはずです。
　二人の作った輪飾りの数が50より大きいと見る子どもが多いでしょう。その子どもたちになぜ，そう考えたか聞きます。その子どもたちの言葉の中に，これから考えようとする，繰り上がりに関わることが含まれていることが当然期待できます。
　「なぜ，50より多いと考えたのかな」
　「十の位が3と2だから50より大きい」
　「素晴らしい，十の位の数を見たんだ。でも，2と3だから，50だね。なぜ50より大きいと思ったのかな」
　ここで子どもたちがどのように反応し，どのように50より大きくなることを説明しようとするかととても楽しみなところです。
　もうひとつ，導入の方法を考えてみます。例の□を使って，子どもたちに登場する数を決めさせる方法です。

　　たかしくんはお楽しみ会のじゅんびで，わかざりを□□こ作りました。よし子さんは□□こ作りました。合わせて何こ作ったでしょうか

　この□の中に3，4，5，6の4つの数を入れて，問題を作るのです。筆算の形で示してもいいと思います（図4-4）。
　「ひとつお知らせしておきたいことがあります。二人の作った輪飾りの数は，全部で100を越していません。100より少ないのです」
　最初はこの条件を付けておきます。この条件のもとで作ることのできるたし算は次の16通り

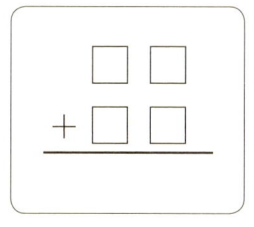

（図4-4）

です。（□で囲ったもの。他は答えが 100 以上）

| 34 | 34 | 35 | 35 | 36 | 36 |
| +56 | +65 | +46 | +64 | +45 | +54 |

| 43 | 43 | 45 | 45 | 46 | 46 |
| +56 | +65 | +36 | +63 | +35 | +53 |

| 53 | 53 | 54 | 54 | 56 | 56 |
| +46 | +64 | +36 | +63 | +34 | +43 |

| 63 | 63 | 64 | 64 | 65 | 65 |
| +45 | +54 | +35 | +53 | +34 | +43 |

つまり，このたし算の群れは4つに分かれます。

Ⅰ　繰り上がりのないもの
Ⅱ　一の位で繰り上がり，一の位が0になるもの
Ⅲ　一の位で繰り上がりのあるもの
Ⅳ　十の位で繰り上がりのあるもの

　子どもたちが筆算で対象にしなければならない型がほとんどこの中にあります。一の位と十の位の両方で繰り上がる型は入っていません。
　Ⅳは，答えが100を越しますから，今は対象外です。このことは，子ど

4. 計算の導入を考える

もたちはすぐに気付きます。十の位のたし算が 10 を越えたら，答えが 100 を超すということは，見えているのです。

　子どもたちが，まず作るのは，答えが 99 になるたし算です。次に 34+56 とか，35+46 などの繰り上がりのあるたし算です。この筆算をどのように扱うかは，後で詳しく述べます。

　ただ，この場面で，次のような表し方を教えたことは書いておきたいところです。例えば，(図 4-5)のような書き方を教えました。等号の意味を 2 年生なりにきちんと認めさせておきたかったのです。子どもたち

```
3 5 ＝ 3 0 ＋ 5
4 6 ＝ 4 0 ＋ 6
        7 0 ＋1 1
```

(図4-5)

は等号の右は答えを書くところだと思い込みがちです。しかし，図で示したような等号を使う場面のあることを知らせたかったのです。

　30＋5 を 35 と計算することは，誰でもできます。電卓などの機械も得意です。しかし，35 という数を 30＋5 に分解して見るということは，人間でないとできないことです。35 の見方は数限りなくあります。30＋5 というのは，その中のひとつです。たし算をするという目的があって，そのたし算をする人の意志で 30 と 5 に分解しているのです。35=30＋5 はその意志を表現しているのです。

　例えば，35 － 28 なら，(図 4-6)のように書くことができます。35 × 8 なら，また，35 は別の見方で見ることができます (図 4-7)。
　自分の意志で対象に働きかけていくことを 2 年生なら 2 年生なりにできるようにしたいと考えるのです。

```
 35 = 20 + 15  →  20    15
-28 = 20 +  8  → -20  -  8
                   0     7
                     ⌣
                     7
```

（図4-6）

```
   35 × 8        35 × 8
=(7×5)×8      =35×(2×4)
= 7 × 40      =70 × 4
=  280        =  280
```

（図4-7）

3. 計算の導入で使う数

　計算の指導をするとき，どんな数を素材として使うかということは大きな問題です。特に導入の段階では，何を持ってくるか慎重になります。そこでどんな数を選ぶかが，授業の展開を左右するからです。もっと言えば，そこでどんな数を選ぶかによって，その授業者がどのような立場で授業をしようとしているか見取ることができるのです。

　例えば，□□÷□＝□□（4年生）の導入，初めの一歩でどんなわり算を子どもたちに提示するかという場面で考えてみましょう。

4. 計算の導入を考える

　2位数を1位数で割って，答えが2位数で割り切れる計算問題は全部でいくつあるでしょうか。1で割るわり算を外すと，次に示した104個です。

(20, 22, 24, 26 ・・・・・・・・・・・・・ 96, 98) ÷2	39個
(30, 33, 36 ・・・・・・・・・・・・・・・・・・ 99) ÷3	23個
(40, 44, 48 ・・・・・・・・・・・・・・ 92, 96) ÷4	15個
(50, 55, 60, 65, 70, 75, 80, 85, 90, 95) ÷5	10個
(60, 66, 72, 78, 84, 90, 96) ÷6	7個
(70, 77, 84, 91, 98) ÷7	5個
(80, 88, 96) ÷8	3個
(90, 99) ÷9	2個

　ちょっと寄り道になりますが，こうやって対象になる計算を並べてみると意外に少ないことに気付きます。しかも，私の場合，この中の2で割るわり算は，2年生までに反射的に答えが見えるように訓練してありました。そうでなくても，3年生で，発展的な扱いとして，3年生で学習しておくのが望ましいと思われます。その分を全体から取ると残りは65個。さらに，ここから，50÷5とか88÷8とか，ぱっと見ただけで結果が見えるものを除くと残りは50足らずになります。

　それならそのわり算だけを取り出しプリントを作っておいて，繰り返し練習させ，暗算で答えが出せるように訓練させることも可能でしょう。もちろん，いつも同じ配列の問題ばかり繰り返すのは拙い。だったら，配列を適宜変えてやればいい。パソコンを使って，配列を変えることなど，さほど苦労する作業ではありません。

4. 42÷3の導入を考える

　さて，本題に戻ります。□□÷□＝□□の学習の導入には，この50個足らずのわり算のなかのどれを選べばいいのでしょうか。

　私は42÷3がいいと思っています。もちろん，これが唯一無二，絶対にこれに限るなどと言うつもりはありません。先に述べたように，何を選ぶかは，その授業者の立場と関わっています。私が私の立場で授業をしようとしたときに42÷3を選んだのです。

　なぜ，42÷3を選んだのか。それは，42という数が子どもたちにとって，働きかけやすい数だからです。働きかけるとは，自分の意志で相手を変えることです。

　42という数をただじっと眺めていても，なにも起きません。働きかけるというのは，自分の意志で相手を動かしたり，変えたりすることですが，そこには必ず目的があるはずです。42を3等分したいという意志が働いた時，初めて，42に働きかけるという事態が発生するのです。42という数の様々な側面が見えてくるのです。

　計算の導入は，大抵，具体的な場面から入ります。たとえば，

　「42個のたこ焼きを3人の友だちで同じ数ずつ分けたい。一人分は何個になるだろうか」

　というような場面です。

　ここで少し工夫が必要です。いきなり「42個のたこ焼きを3等分せよ」と言っても子どもたちは，なかなか積極的に働きかけてくれません。

　そこで，「□このたこ焼きを3人で同じ数ずつ分けます」と提示して，□

の中の数を子どもたちに決めさせるのです。式で □÷3 と明示して，
「この□の中にどんな数を入れてもいいよ。どんな数だったら，みんなできるかな」と問いかけます。この段階で子どもたちのできるわり算は商が一桁のものです。だから，当然，子どもたちは30以下の数を□に入れようとします。ここが大切なところです。かけ算九九の３の段の答えが□に入るなら，わり算ができる（30も大丈夫でしょう）ということをきちんと確かめるのです。そこを足場にして，いよいよ 42÷3 に挑戦です。

「今日は，ここにもう少し大きい数を入れて考えてみるよ。その数は42です。」

いきなり 42÷3 が目の前に現れるのではなく，自分たちのできるわり算の延長上に新しい問題が出てくるのですから，場面の意味もよくわかるし，やってみたいという鯛も頭を擡げます。

この場面で，もうひとつ，ちょっと凝った導入を紹介します。

黒板に１，２，４，５の４枚の数字カードを貼ります。この中から２枚のカードを取り出して，２けたの数を作り先ほどの□の中に入れるのです。

「この４枚のカードから，２枚選んで，２けたの数を作ってごらん。いろいろな数ができるね。

□□÷3

「その数を，この□の中に入れて，ちょうど割り切れる問題を作ってみよう」と持ちかけるのです。

子どもたちが，この条件のもとで，今，答えを出すことのできる場面はつぎの４つです。

12÷3　　15÷3　　21÷3　　24÷3

しかし，子どもの数人が
42÷3 も割り切れるのではないかと言い出します。この授業はもう10回以

上試みましたが,必ず一人は「42÷3も大丈夫じゃないか」という子どもがいました。
　他の子どもたちに「どうだろうか」と聞くと,「割り切れるかもしれない」と応える子どもたちが沢山います。中には,「そんなわり算はないだろう」と言い出す子どももいます。3の段の九九で答えが42になるものはないからです。

　とにかく,子どもたちが自分で働きかけながら問題場面を作っていくという過程をたどることができるということで,私の気に入っている導入の方法です。いいところは,子どもたちに責任があるところです。□に入る数を「42だよ」と先生が指定した場合,子どもはどうしても受け身になります。受け身ということは,解かなければならないという圧力の中にいるのであって,自分の責任はありません。ところが,この導入では,42を言い出したのは子どもたちの方です。だから,授業者は「42は無理だろう」ととぼけることができます。子どもたちは「いや,42は3で割れるかもしれない」と自分で説明する責任が出てくるのです。

　授業者は「42は無理だろう」ととぼけておいて,次に「なぜ42が3で割れるかもしれないと考えたのかな」と突っ込んでいくことができます。これに対し,子どもたちは42が3で割り切れると考えた理由を言うか,確かに割り切れるという説明をしなければならなくなるのです。
　「3の段を27から後もずっと言っていけばいい」
　これは,なかなか説得力があります。早速,27いや30から3の段の答えを言っていきます。30,33,36,・・・見事,42に当たりました。33から1,2,3,・・・と指を折って数えていた子どもたちは4本目で42になることを知り42÷3の結果は14としました。
　「42は30から12だから,12÷3=4でひとつひとつ数えなくても,

14 とすぐに分かる」という子どもたちも出てきました。

「42 の半分は 21 で，21 ÷ 3 = 7 だから，42 ÷ 3 は 7 の 2 倍で 14 だと言う子どももいます」

それぞれの子どもが，自分の働きかけによって，42 ÷ 3 = 14 に辿り着くことができました。しかし，42 ÷ 3 というひとつの計算について考えただけです。このことを手掛かりにして，他の数についても一桁の数で割ることができるようにしていかなければなりません。

（この展開については，七章答えへの道筋でもう少し詳しく触れます）

5. 筆算を教える

数時間後に 42 ÷ 3 の筆算を教えました。たこ焼き屋さんに再び登場してもらいました。

「42 このたこ焼きを 3 人で同じ数ずつ分けます。」と言いながら。筆算の形（図 4-8）を書きました。そこで，42 を 30 と 12 に分けて考えた方法を思い出させました。

「まず，最初，一人が 10 こずつ食べたんだね」と（図 4-9）のように 42 の上に 10 を書きます。

「これでたこ焼きは何個食べたかな。10 × 3 だから 30 だね」（図 4-10）

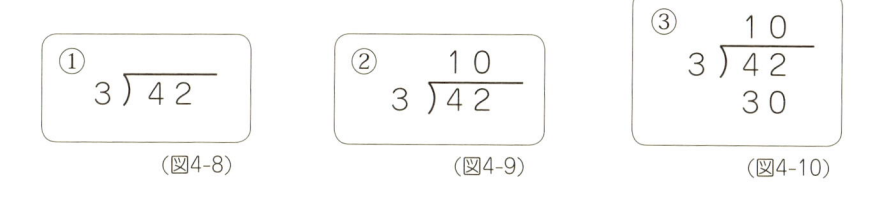

① 3) 42
（図4-8）

② 10
3) 42
（図4-9）

③ 10
3) 42
　　30
（図4-10）

「さあ，たこ焼きは何個残っているかな。42－30」（図4-11）
「あといくつ食べることができるかな。12÷3だね」（図4-12）
「いくつ残っているかな。12-12＝0で全部食べちゃった」（図4-13）

```
④   1 0
  3 ) 4 2
    3 0
    1 2
```
（図4-11）

```
④ ⑤   4
     1 0
  3 ) 4 2
     3 0
     1 2
```
（図4-12）

```
⑥ ⑦   4   ＞14
     1 0
  3 ) 4 2
     3 0
     1 2
     1 2
       0
```
（図4-13）

　子どもたちの中には怪訝な顔をしている子どもたちがいます。自分たちがどこかで習った筆算とえらく違っているからです。そんなことはお構いなしに，もう一度同じ計算を書かせます。今度は，言葉を私に続いて子どもたちにも声に出して言わせます。声を出しながら書き進めていくのです。

「まず一人が10個食べます」	②	たてる
「全部で30個食べました」	③	かける
「残ったのは12個です」	④	ひく
「あと，4個食べます」	⑤	たてる
「全部で12個食べました」	⑥	かける
「全部食べちゃいました」	⑦	ひく
「答えは10と4で14です」		

　ゆっくりとあわてないで，みんなが書けているのを確かめながら進めていきます。

「よし、では、今度は、最初に一人が7つ食べることにしてやってみようか。ではいくよ」

全員にノートに書かせて出発です。もちろん私も板書していきます（図4-14）。

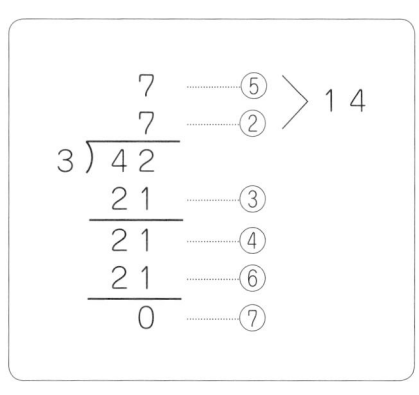

```
      7 ……⑤  ⟩14
      7 ……②
   3)42
     21   ……③
     21   ……④
     21   ……⑥
      0   ……⑦
```

（図4-14）

「一人が7つ食べました」	②	たてる
「全部で（3×7=21）21個食べました」	③	かける
「残ったのは（42-21=21）21個です」	④	ひく
「あと7個食べます」	⑤	たてる
「全部で（3×7=21）21個食べました」	⑥	かける
「全部、食べちゃいました」	⑦	ひく
「答えは7と7で14です」		

この後、51÷3とか78÷3とか96÷4などについて同じことを、みんなで練習しました。

この筆算の特徴は、「たてる」「かける」「ひく」というそれぞれのステップを自分が今何をしているかを認知しながら、計算を進めていくことができることです。

通常の筆算は表記上の無駄を省くために，様々な工夫がされています。末位の0を書かないとか，商が一つの数で表すことができるとか洗練されたアイデアがあちこちに見えます。しかし，その見事な省略のお陰で計算の一手ごとの仕事の中身が見えにくくなっているのです。

　確かに手際よく答えを求めることはできる。しかし，その一手ごとの仕事の流れは読み取りにくい。それが筆算です。そこで，多少の無駄はあっても，子どもたちにひとつごとの仕事の中身がきちんと追うことのできる筆算を教えた訳です。

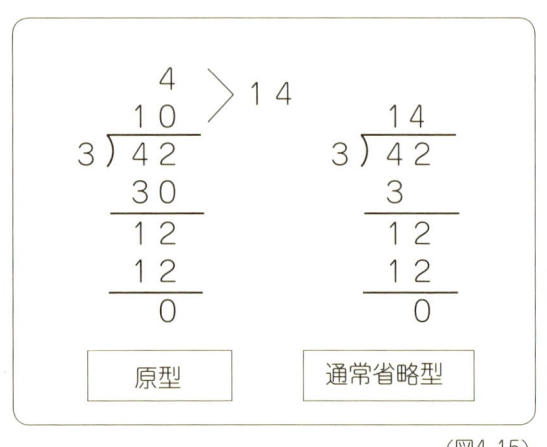

```
      4
     10  >14              14
   ────              ────
 3)42              3)42
   30                3
   ──                ──
   12                12
   12                12
   ──                ──
    0                 0
```

　　　原型　　　　　　通常省略型

（図4-15）

　これで，筆算を完全に教えたと言うつもりはありません。この後で，教科書に出ているような通常の筆算を教えます。しばらくは，この原型的筆算と省略型（通常の筆算）の筆算を二つ並べて計算させます（図4-15）。

　私が，この筆算指導の手順の話をすると「それでは子どもたちが混乱する」と言う先生方が必ずいます。筆算を教えるのは，計算の答えを求めることができるようにするためだ。だから，回りくどい道を辿らないで，きちんとひとつの方法だけを定着させればいい。これが，その先生方の立場です。確かに，その主張もあると思います。筆算指導で，この方法が一番いいというも

のがあるはずはありません。立場によって、その方法は違ってくる。それは当然のことです。それを認めた上で、なぜ私は、敢えてこの回り道を取るか考えを書いておこうと思います。

6. 形式とイメージ

　筆算はひとつの形式です。形式の「式」という語は「ある物事をするときの一定のやりかた」(広辞苑)という意味を持っています。算数,数学にとって、形式はとても重要です。それは形式を前提にして成り立っていると言ってもよい程です。等式を書いたり、記数法で数を表したり、できるのは形式があるからです。

　形式のいいところは元の元まで帰らなくていいところです。もし、私たちが、ものの数をどのように表すかを自分で決めなくてはならないとしたら、これは大変なことです。羊飼いが自分の所有する羊の数を小石に置き換えたなどという話を読んだことがあります。あの時代に返ることなど考えることもできません。あれから何百年いや何千年という歳月を経て、先人たちが作ってくれた記数法、その形式を私たちはまるで空気のように使い、その素晴らしいアイデアを享受しているのです。

　筆算は、その位取り記数法を前提にして作られた計算形式なのです。形式のいいところは、元に戻らなくていいということだと書きました。元に戻らなくていいということは、言葉を変えて言えば、ひとつひとつ自分で考えなくていいということです。形式さえ手に入れれば後はもう黙ってそれに従っていればいいのです。ずばりいえば、筆算は考えなくていい計算方法ということになります。だから,私たちは、筆算を懸命に子どもたちに教えるのです。

筆算は確かにすばらしい計算方法です。方法としては有難い。しかし，子どもたちが働きかけることのできる数や計算の世界を深く大きく広げていこうという，私たちの目標から見れば，有難がってばかりはいられない。むしろ，欠点になる側面あるということを見落としてはならないのです。

　形は大切です。形をまず，手に入れなければならない。しかし，形を手に入れた途端に，思い込みの中に入ります。その世界しか見えなくなる。それにしか頼れなくなる。そうなると，もう思考停止です。頑なな狭い世界に閉じ込められてしまいます。計算することは，即，筆算をすることだ。「計ド」と書かれたノートで計算ドリルを繰り返すことが算数を学習することだと思い込んでしまいます。

　筆算で間違う子どもの多くは，自分が何をしているのか分からないままに，動いてしまうための失敗です。ちょうど迷路で迷ったような状態です。何を考えてよいのか分からないのです。闇雲に動くしかないのです。

　例えば 42 − 29 の計算で右のように間違った子どもに出会ったことがあります (図 4-16)。これは 2 から 9 が引けなかったから，とにかく引くことのできる 9 から 2 を引いてみたのです。根拠もなく自分の動くことのできる方に動いたのです。

　54+28 を (図 4-17) のように計算した子どもがいました。他の子どもたちから一斉攻撃を浴びました「答えが 100 を越えるはずがない」というのです。

　でも，計算した子どもは泣きながら言いました。

　「私も，それは分かっている。でも，4+8 ＝ 12 で 10 繰り上がるでしょう。だから，5+2 ＝ 7 に 10 足したて 17 と書いたの」

　理路整然としています。しかし，この子どもも自分が何をしているか，その手続きの意味が曖昧なま

```
  4 2
 -2 9
 ───
  2 7
```
(図4-16)

```
  5 4
 +2 8
 ───
 1 7 2
```
(図4-17)

4. 計算の導入を考える

ま動いています。

　では、このような状態にならないようにするためにはどうすればいいでしょうか。大切なのは、主人公が計算をしている本人でなくてはならないということです。手順を形式的に覚え、それに従うという姿ではなく、子どもたちが積極的に攻めの姿勢で計算に向かうようにするのです。

　積極的に攻めの姿勢で計算するというのは、どういう計算の仕方か分かってもらえないかもしれません。それは、自分で納得のいかない方法には従わないぞという強い気持ちを持って計算に向かうということです。先ほどの 54+28=172 とした子どもに私は言いました。「もし、筆算でやらなかったら、どうなるの」すると、その子は言いました。「4+8=12、50+20=70 だから、70+12 で 82」これこそ、その子どもが主人公で計算しています。自分で数に働きかけ、納得して数を動かしています。他の子どもたちも、それは全員認めました。

　そして、同じ方法で 35+28 とか 73+19 などを計算してみました。みんな納得のいく答えを出すことができました。

　そこで、私は、これらの計算を下のように書いて見せました（図4-18）。

```
  54      35      73
 +28     +28     +19
 ----    ----    ----
  12      13      12
  70      50      80
 ----    ----    ----
  82      63      92
```
（図4-18）

　「あっ、これならよくわかる」というのが2年生の子どもたちの素直な反応でした。

　教科書に載っている筆算とは明らかに違っています。しかし、これも筆算です。そして、子どもたちは、この計算を「よく分かる」といいます。分かるということは、素直に論理的に筋道をたどることができるということです。子どもたちが知っている数の世界、自分たちの納得している数の論理（数への感覚と言っていいかもしれません）と計算の筋道が一致しているのです。「分かる」という子どもたちには、ただ形だ

4. 計算の導入を考える

けをなぞっていくのではなく，自分が主人公になって計算を進めていく，攻めの姿を感じます。

　私が，極度に無駄のない従来の筆算だけでなく，省略の少ない無駄の多い筆算を子どもたちに紹介する意図は，この納得ずくめで計算に向かっていく子どもたちの姿を大切にしたいからなのです。二つの形の筆算を前にして，子どもは混乱するかもしれません。しかし，混乱は必ずしも悪いことではないのです。それを契機にして広い世界，納得のいく世界が広がるのなら，求めなければならない混乱もあると考えるのです。

　私たちは，つい，教科書に紹介されている筆算を唯一無二のものだと思いがちです。そうではありません。世界各国では，いろいろなタイプの筆算が行われているようです。教科書で紹介されているものを載せておきます。

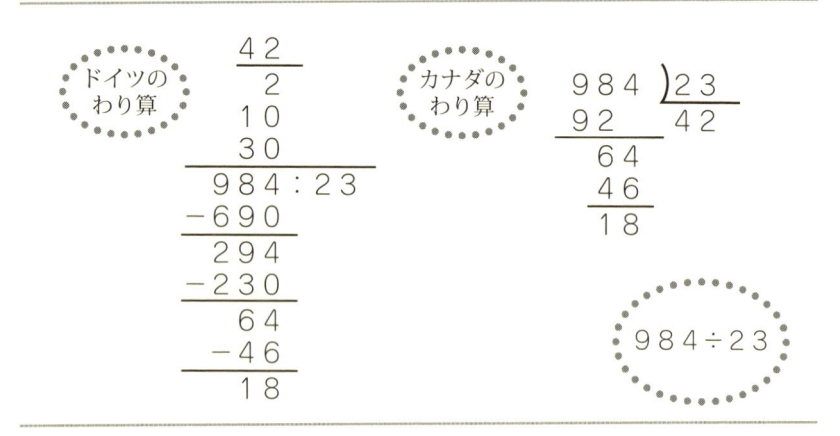

```
ドイツの              カナダの
わり算                わり算

       42                    984 ) 23
        2                    92    42
       10                    ──
       30                    64
    ─────                    46
    984 : 23                 ──
    -690                     18
    ─────
    294
    -230
    ─────
     64
    -46
    ─────
     18
```

984÷23

　書き進めていく計算が筆算だと考え，子どもたちといっしょに自分たちの筆算を作ってみるぐらいの試みもいいかもしれません。

　算数の時間に試みていけないことなどはない。自分たちでやってみたいことはどんどんやってみよう。そういう，明るくて自由な空気がいっぱいあってとても楽しかったです。

5 計算の根

1. 計算をつなぐもの

　200 + 300 と 1.2 ÷ 0.4 は，全く違った計算です。前者はたし算，後者はわり算。学習する学年だって，前者は2年生，後者は5年生です。この二つの計算問題を関連付けて考えることはまずありません。

　唐突な例え話をします。竹の根（本当は地下茎）は地下で力強く繋がっています。同じように計算も一見，それと見えない部分でつながっているのです。上にあげた，この二つの計算は姿，形は違っても根っこの部分でつながっているのです。その両者をつないでいる根が先生にも子どもたちにも見えていなければならないと思うのです。正しい答えを求める手順を教える，または知るということだけなら根を観る必要はありません。答えを求める手順は全く違うのですから，別々の計算，関係のない計算ととらえるしかないのです。しかし，本当の計算力，計算について考える力をつけようとするなら，計算の根っこを観ることがどうしても必要です。

　計算の根を観ると 200 + 300 と 1.2 ÷ 0.4 はしっかり繋がっているのです。では，どこで，どのようにこの二つの計算は繋がっているのでしょうか。
　「200 + 300 を計算しなさい」と2年生に言いました。多くの子どもたちが「500」と答えます。間髪を容れず「なぜ，500なの」と問い返す。
　こちらの元気のよさに，子どもたちはどぎまぎしながら答えます。
　「だって，2たす3は5で五百」
　「なるほど，2たす3が5は分かる。でも，なぜ，二百たす三百が2たす3なの」
　私の，この突っ込みに，一人の子どもが立ち上がって応えます。

5. 計算の根

「だって，二百でしょう。それに，三百でしょう。だから，2＋3で五百なの」

この子どもの表情は文章に書き辛いです。「二百でしょう」というところで，指を2本出しながら，にひゃくの「に」に力を入れて目を剥きだすようにしながら懸命に言っているのです。

「あっ，面白いね。みんなでやってみよう」と私の音頭でみんないっしょに，この子どもの真似をします。

「二百と三百で2たす3で五百」

二百で左指を二本出し，「に」を強く言う。三百で右指を三本出し「さん」を強く言う。それで「2たす3で五百」で左，右五本の指を前に出す。というわけです。

「面白いね，もう一度やってみようか」

2年生は，みんなでいっしょに声を出すのが大好きです。二，三度楽しみました。そして，

「今度は口々に答えないでね。先生が誰かに聞くから」と前置きしてから聞きました。

「ということは，指一本が何本かな」

この発問は，授業の前日から用意したものです。これでは，日本語になっていません。本当は「指一本がいくつ分かな」にしようかとも思いましたが，「一本が100本」と言わせたかったので「何本かな」にしました。

子どもたちにはなんとかこちらの気持ちが通じたようです。ほとんどの子どもたちが手を上げました。そこで全員に言わせました。

「一本が」と私が言うと，子どもたちは声を揃えて「100本」。

200＋300は，指一本を100本と考えると2＋3という計算に変身させることができます。このことは計算の根っこのひとつの要素です。

もし，200＋300のような計算は0を取って2＋3＝5として，取った0を二つくっつけて500とすればいいと子どもたちに教えたらどうなるでしょうか。この知識の適応範囲は極めて少ないでしょう。2000＋300で

はどうなるだろう。500 － 400 でも，この方法を使っていいかな。子どもたちは，使うことのできる場面が曖昧なまま，その知識を自分の表面にくっつけることになります。

　200 ＋ 300 を 2 ＋ 3 に変身させて計算するという見方の後ろには，「一本が 100 本」というとらえ方があります。私たちおとなが 200 ＋ 300 をすぐに 500 と言えるのは，100 を単位にして，この式を 2 ＋ 3 と観ることができるからです。反射的に処理しているため，ほとんど意識に触れないのですが，意識してスロービデオで自分のしていることをつぶさに観ると，確かにその情況があります。

　これがイメージです。イメージがあるから，納得して，その手順を使うことができるのです。言い方を変えれば，手順だけを教えられて安心するのではなく，イメージを求める子どもたちに育ってほしいと思うのです。

　だから，「200 ＋ 300 の計算は 0 を取って計算しましょう」とは絶対に言いたくないのです。懐かしい映画「男はつらいよ」で寅さんが「それを言っちゃあお終いよ」といいます。「0 を取って計算しましょう」と言ったらお終いという気持ちです。

　「一本が 100 本」というイメージがあれば，3000 ＋ 5000 だって「一本が 1000 本」と考えることができます。200 × 3 は 2 × 3 と見ることができるでしょう。ところが，この計算を右のように筆算でやっている子どもたちに出会います（図5-1）。200 を指二本，と見ることのできない子どもです。筆算という手順しか頼るものがないのです。

　この「一本が 100 本」というとらえ方は，たし算，ひき算，かけ算だけでなくわり算でも見事に冴えわたります。例えば，600 ÷ 200 は 100 をひと固まりにみると 6 ÷ 2 に変身します（図5-2）。この場合は，取った 0 は取ったままにするのです。もし，「一本が 100 本」という見方ができなかったら，

5. 計算の根

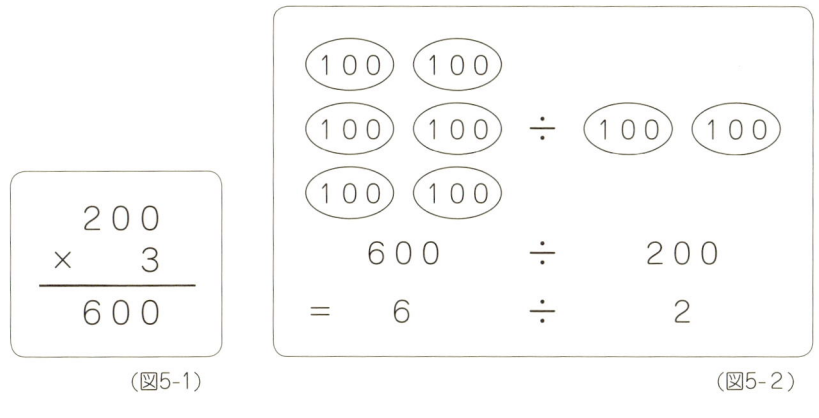

(図5-1)

(図5-2)

取った0はどうするか，その形式だけに頼ることになります。

200＋300を「一本が100本」の見方でとらえると2＋3になります。これは言葉を変えて言えば，200＋300を100を単位にしてとらえたということです。

単位を変えて計算をとらえるという見方は，計算の根として，さらに大きな範囲の計算へと広がっていきます。例えば，0.3＋0.2は，0.1を1とみることにより，3＋2に変身することができます。0.3＋0.2を魔法をかけて3＋2に変身させる。その答えは5ですが，その5は魔法がかかったままなので，魔法を解かなければなりません。答えの5は単位が0.1ですから，0.5というわけです。「一本が100本」といの表現を使うと「一本が0.1本」というわけです。

さらに，このとらえ方は，例えば「一本が1/7」というように，分数の世界にまで広げることができます。4/7÷2/7は「一本を1/7」と考えれば商の大きさを変えずに4÷2と変身できるのです。

このように「一本が○本」という見方は，いくつかの計算を共通のイメージで支えることができます。もし，このイメージなしに，これらの計算の仕

方を手に入れようとするなら，その手続きを形で覚えるしかありません。
「小数のたし算は同じ数ずつ小数点の位置を動かして，整数のたし算にし，計算の後，もとの小数点に戻す」
「小数のわり算は同じように整数の計算に変身させて計算するが，結果はそのままでいい，ただし，余りは，もとの小数点に戻す」
これらを，より所にするイメージのないまま，ひたすら，その形だけ覚えなくてはならないとしたら苦痛でしかないでしょう。
計算方法を支えているイメージ。それが計算の根です。計算の根を意識するとき，様々の種類の異なる計算がひとつのものに見えてくるのです。

このように書くと，形式とイメージがまるで相対するもののように思われるかもしれません。それは違います。形式を伴わない算数などあるはずがありません。
例えば23という数をじっと眺めていても何のイメージも湧いてきません。この数字を前にして，たこやきの十のかたまりが二つとばらのたこやきが三つ見えるのは，十進位取り記数法という約束を私たちが知っているからです。
「一本が100本」と見たとき200を指二本で表すことができたのもこの形式にしたがっているのです。表現とイメージをつないでいるのは形式なのです。

600÷200を計算するとき，私たちおとなは迷わずそれぞれの数の0を取って6÷2として3という答えを出します。このような形式に従うことができるということは素晴らしいことです。ただし，私たちおとなの場合，600の0を取って6にするとは何をしているのか，その意味を知って行動しています。自分で何をしているのか知っていて相手に働きかけているのです。ただ，機械的にマニュアルに従っているのではありません。

600を100を単位にして表しているのだ，あるいは，600を100で割

るのだということを意識して600の0を二つとって6にしているのです。もう何度も通った道ですから、ほとんど意識しないで形式的に処理できるようになっています。しかし「なぜ、0をとったのか」と聞かれたら、その訳をきちんと説明することができます。このことが大切なのです。形式的に処理できることは素晴らしいことです。しかし、その意味、何をしているのか意識していることが必要なのです。

ただ形にだけ頼る子どもたちにしたくありません。公式を覚え、単位の関係を覚え、図形の性質を覚え、全てを脈絡のないまま、覚えてしまわなければならない。もし、子どもたちにそれが課せられたとしたら、算数は辛い、重い、味気ない教科になってしまいます。そんなことは、絶対に避けなければならないことです。

形だけに頼る子どもにしたくない。それを主張するのは、子どもへの負担を少なくしたいからだけではありません。知識や技能を裏付けているイメージを豊かにしたいからです。イメージがあるから、新しい問題場面にであったとき、その問題に働きかけることができるのです。

2. わり算のきまりの初めの一歩

600 ÷ 200 を 6 ÷ 2 に変身できる。その理由は二つあります。一つは、先ほど示した「一本が100本」という見方に基づくものです。100をひと固まりにして 600 ÷ 200 を見直すという仕方です。

もう一つは、600 ÷ 200 の被除数と除数をそれぞれ100で割るという見方です。これは、教科書などで、「わり算のきまり」として扱われているも

のです。指導要領では，4学年の内容，A(3)エ「除法に関して成り立つ性質を調べ，それを計算の仕方を考えたり計算の確かめをしたりすることに活かすこと」と示されています。

ここでいう「わり算のきまり」とは，文で書くと次のようになります。

「わり算は割られる数，わる数に同じ数をかけても，また，同じ数で割っても答えは変わらない」

これを式で書くと

$a \div b = (a \times m) \div (b \times m)$　　$a \div b = (a \div m) \div (b \div m)$

子どもたちはこのきまりをどのようにして認めるのでしょうか。まずは，いくつかの実例に接して，わり算の性質を知ります。いわゆる，帰納的に認めるのです。

では，ここで，「わり算のきまり」を扱った授業の実際を示して見ます。

私の学級で，3年生のとき展開したものです。本来は上で示したように4年生の内容ですが，3年生で展開してみました。商が1桁のわり算の学習が終わった段階で，わり算を見る視点を少しだけ広げておきたかったからです。つまり，3年生で計算のきまりを見つけさせたい，計算どうしのつながりに目を向ける経験をさせたいと考え，発展的に試みたものです。通常は，4年生で展開するのがよいかもしれません。

● 答えが3のわり算を集めてみよう

> □このたこやきを□人で同じ数ずつ分けました。
> すると，一人が3こずつになりました。

5. 計算の根

　この□に当てはまる数を入れてみようというところから授業は始まりました。剛が6と2を入れました。6このたこやきを二人で等分すると，確かに一人分は3個になります。

　「剛の作った話を算数語で書くとどうなるかな」と聞くと，みんなが6÷2と書きました。算数語とは，式のことです。一年生のときから，算数語という言い方は教えてあります。

　「15÷5もあるよ」

と美子が言います。これもみんなで認めました。「他にもあるよ」という声がいっぱいです。次々と発表させました。子どもたちの発表したわり算をその場でカードに書いて黒板に貼っていきます（図5-3）。

　「まだあるよ」と手を挙げている子どもたちが沢山います。ぴんと伸びた指先に発表したいという鯛がいます。

　どうも気になります。答えが3になるわり算は，数え切れないほどあるのに，この子どもたちは数が限られているように思っているようです。「まだある」が「まだ，残されている」という意味に聞こえます。

　翔太に言わせると，21÷7と言いました。「ああ，言われちゃった」と多くの子ががっかりした表情です。案の定です。しかし，ここで慌ててはいけません。

　「ほう，よく見つけたね。どうやって見つけたの」と聞くと，真佐子が出てきて，カードを並べ変えました。こうすると，21÷7が抜けていることが一目瞭然です（図5-4）。

　この子どもたちは，私がカードを使うときは，自分たちで，それを並べ変

| 6÷2 |
| 15÷5 |
| 9÷3 |
| 24÷8 |
| 18÷6 |
| 3÷1 |
| 27÷9 |
| 12÷4 |

（図5-3）

| 3÷1 |
| 6÷2 |
| 9÷3 |
| 12÷4 |
| 15÷5 |
| 18÷6 |
| 21÷7 |
| 24÷8 |
| 27÷9 |

（図5-4）

えるものだと思い込んでいます。そのように躾けてあるのです。やがて，学年が進めば，自分でカードに書いて調べることができるようになります。
　おや，まだ手を上げている子どもたちがいます。実は，この子どもたちを私は待っていたのです。

　この場面で，子どもたちは大きく二つに分かれています。答えが3のわり算は全部で9個と思っている子どもと「いや，まだいっぱいある」と見えている子どもたちとです。ここで，授業者である私は，どちらの立場に立てばいいでしょうか。もちろん，前者です。答えが3のわり算は9個しかないと考えている子どもたちは，3の段の九九を使って，わり算を作った子どもたちです。だから，27÷3が上限なのです。
　「3×9=27だから，これで全部揃っているはずだよね」
　私が言うと「こくん」と頷く子どもたちが沢山います。
　「違うっ。まだいっぱいある」何人かの子どもたちがえらい迫力で向かってきます。
　「ほう，この子どもたちは何が言いたいのかなあ」
　とあくまで怪訝な顔の子どもたちに問いかけます。
　「300÷100」
　もう，堪りかねた子どもの一人が思わず口走ります。これが，全体に大きな波紋を作りました。「そうか，まだ，答えが3のわり算はいっぱいありそうだ」という波紋です。
　「なるほど，27÷9＝3より大きい数を使ったわり算があるんだ」
　と私が，初めて気付いたような口ぶりで言います。そこで，答えが3のわり算をもう一度全員に一つずつ書かせてみました。
　60÷20　30000÷10000　42÷14　237÷79‥‥答えが3の様々なわり算が集まりました。
　3年生では，無理なわり算もあります。わり算の計算はできなくても，3

をかけるかけ算は，被乗数が２位数でも３位数でも不自由なくできるのでわり算を作ることはできるのです。

　同じ答えのわり算は，数限りなくあります。また，どんな答えのわり算も考えることができます。このことを意識すると，わり算の世界が見えてきます。わり算という計算がばらばらに茫洋と広がっているのではなく，同じ答えのわり算が仲間になっている世界です。もちろん，３年生の子どもたちに，その世界がはっきり見えてはいないでしょう。しかし，計算どうし仲間を作ることができるという予感は持たせることができるはずです。所詮は，対象はまだ整数だけです。ここに，やがては，小数や分数のわり算も仲間入りしてきます。学年が進むにつれてしだいにわり算の世界が広くなり，しかも密度が濃くなっていくのです。その第一歩を踏み出したところです。

● **わり算のきまりを見つける。**

　さて，いよいよわり算のきまりを見つける段階です。
　沢山見つかった答えが３のわり算。それを見て「何か面白いことは見えないかな」と聞いてみました。でも，子どもたちの反応は微弱です。そこで，(図5-5)のような二枚のカードを取り出し並べてみました。

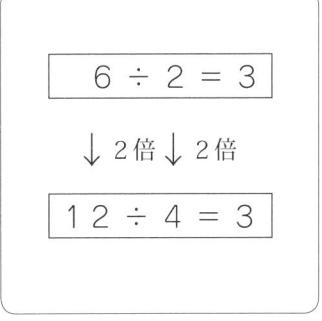

$$6 \div 2 = 3$$
$$\downarrow 2倍 \downarrow 2倍$$
$$12 \div 4 = 3$$

(図5-5)

素早く子どもたちが反応しました。
「２倍になっている」
「どういうことが言いたいのかな」．
　信二が前に出てきて，カードの数字を指で押さえながら，わる数，わられる数がそれぞれ２倍になっていることを説明します。
「この２枚のカードだけだろうか」

これは，本当は言いたくありません。子どもたちが気づいてほしいところですが，ここは畳みかけていきました。
　子どもたちはどんどんカードの組を見つけます（図5-6）。18÷6を使って36÷12を作った子どももいます。

```
12 ÷ 4 = 3              9 ÷ 3 = 3
↓2倍 ↓2倍              ↓2倍 ↓2倍
24 ÷ 8 = 3              18 ÷ 6 = 3
```

（図5-6）

　そこで，全員に（図5-5）と同じ型のわり算の組を書かせました。信二の言ったことを，全員が理解しているかどうか確かめるためです。
　「あっ，3倍もある」
　玄太が大声を出します。「いいぞ。いいぞ」と心の中で，こちらも呟きます。しかし，飛びついてはいけません。じっと我慢をします。
　「玄太が何か言っている。誰か聞いたかな」
　早紀が素早く反応します。
　「3倍のがあると言った」
　「よく友だちの言うことを聞いていたなあ。ところで，それはどういうことかな」
　早紀がとことこ前に出て来て
6÷2のカードと18÷6のカードを（図5-7）のように並べて，それぞれの項が3倍になっていることを説明しました。

```
6 ÷ 2 = 3
↓3倍 ↓3倍
18 ÷ 6 = 3
```

（図5-7）

● もし玄太の発表がなかったらどうするか

　ここでちょっと脇道に逸れます。私が，この様に授業の情景を描くと必ずといっていいほど質問されることがあります。それは「この場面で玄太くんが『3倍のもある』と言ってくれたからよかったけれど，もし，この発言がなかったらどうするのですか」というものです。
　この質問の意味はよく分かります。たまたまうまく展開した授業例を上げて自慢されても，自分が授業をするときの参考にはならないというのです。言いたいことは山ほどありますが，ここでは敢えて，上の疑問に単刀直入に応えることにします。

　この場面で，子どもが「3倍もある」ということに気付かなかったら，ここで授業は途切れてしまいます。だから，何が何でも，誰かに「3倍もある」といってもらわなくては困るのです。そういう気持ちで授業者は子どもたちを見回している状態です。それはまるで餌を待っている蜘蛛のようです。
　網のような巣を張ってじっと待っているのです。蜘蛛の気持ちがよく分かります。
　そこへ玄太の呟きがが飛び込んできました。だから，こんなうれしいことはありません。しかし，もし，それがなかったらどうしたのでしょうか。
　それはもう，こちらから誘い水を注ぐしかありません。
　「2倍だけかなあ」

　これで十分でしょう。でも，本当はこれも言いたくない。ましてや，「3倍になっている組も探してごらん」とは絶対に言いたくありません。そんな気持ちです。絶対に言いたくないと頑張っても，子どもたちが気付いてくれなかったら，それも言わなくてはならないことだってあるかもしれません。最悪の場合は，「ほら，この場合はどちらも3倍になっているでしょう。こ

のような組み合わせのできるカードを見つけてごらん」と指示しなければならないことだって考えられます(図5-8)。

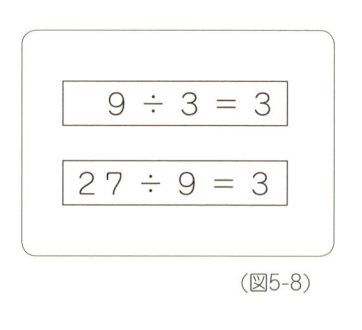

$$9 \div 3 = 3$$

$$27 \div 9 = 3$$

(図5-8)

それは,磁石と鉄片の関係に例えることができます。鉄片が自分の方から飛びついてくる丁度の距離に磁石を置かなければならないのです。余り遠いと鉄片は動きません。近づけすぎるとやはり鉄片の動きは鈍いのです。ここで,鉄片は子どもたち,磁石の位置を決めるのが授業者です。このように授業者は,子どもたちとの間隙を測りながら,その場の判断で行動するのです。まさに臨機応変という言葉がぴたりです。

● 「わり算のきまり」の初めの一歩

玄太の「あっ,3倍もある」をきっかけにして,子どもたちの目は広がっていきました。わられる数,わる数が,それぞれ3倍のもの,5倍のものなど,わり算のカードどうしの関係が見えてきたのです。

とはいっても,子どもたちは,まだ答えが3の場合でしか調べていません。ここで「わり算のきまり」を一般化するのはとても無理です。そこで,
　12÷3と答えが同じわり算を作らせてみました。
　24÷6とか36÷9とかが作られました(図5-9)。答えが3のわり算でみつけたきまりがちゃんと使われています。48÷12にはびっくりしました。3年生には完全に枠外です。24÷6の両項を2倍して作ったのです。

「本当に48÷12は4になるのかなあ」と聞くと,「12×4=48だよ」と淡々としている3年生たちです。

$$24 \div 6 = 4$$

$$36 \div 9 = 4$$

(図5-9)

5. 計算の根

わり算のきまりは，3年生または4年生でのこのような活動を初めの一歩として，学年が進むにつれて，子どもたちの中で進化していきます。

3.「わり算のきまり」のその後

「わり算のきまり」のきまりは学習指導要領では，4年生で学習することになっています。しかし，それは，様々の計算に関わり，竹の根のように計算と計算をつないでいるのです。計算だけではなく，分数とか，比例の学習にも繋がっています。先ほども示しましたが，ここでもう一度，その系統を振り返っておきます。

5年生で小数÷小数を学習します。例えば，1.26÷0.9のような計算です。

ここでは両方の項をそれぞれ100倍し126÷90に変身させ計算することができるのです。

6年生の分数のわり算でも，わり算のきまりは活躍します。例えば，3/7÷5/7を考えてみましょう。両方の項をそれぞれ7倍すると3÷5に商の大きさを変えないで変身させることができます。つまり，答えは3/5というわけです。分母が等しければ分数のわり算は簡単です。ということは分母が異なるときは通分すればいいわけです。2/5÷3/4をやってみましょう（図5-10）。分数のわり算と言えば「除数の逆数をかける」という例の方法が唯一だと思われがちですが，そんなことは

$$\frac{2}{5} \div \frac{3}{4} = \frac{8}{20} \div \frac{15}{20}$$
$$= 8 \div 15$$
$$= \frac{8}{15}$$

(図5-10)

ありません。いろんな考え方，方法があるのです。

ところで，なぜわり算のきまりは成立するのでしょうか。というより，わり算のきまりが成り立つ根拠を子どもたちにどのように認めさせればよいのでしょうか。

先ほど，示した授業例では，あくまでも帰納的にわり算のきまりを見つけただけです。子どもたちが持っているわり算のイメージは　等分除と包含除です。このどちらかのイメージのもとで，わり算のきまりが見えるようにしておきたいのです。

ひとつは，例の「一本が100本」の見方により，わり算のきまりを説明することができます。つまり，単位を変えて見るのです。例えば

12÷6の12と6を3を単位にしてみると，12は4，6は2となるわけです。だから，12÷6の両項を3で割った4÷2と等しくなるという説明です。これは包含除の場面での説明です（図5-11）。

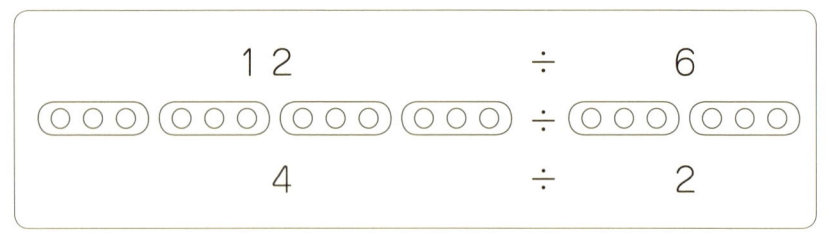

```
        1 2          ÷         6
 (○○○)(○○○)(○○○)(○○○) ÷ (○○○)(○○○)
         4           ÷         2
```

（図5-11）

もうひとつ，これは私の気に入ってる説明です。童話の「不思議の国のアリス」の中で食べると身体が大きくなったり，小さくなったりするビスケットの話があります。もし，アリスとウサギが，全く背景のない景色の中で，このビスケットを同じように齧っても，二人は何も気付かないでしょう。例えば，二人（一人と一匹）が同時にそれぞれ100倍になっても二人の比は変わらないでしょう。ウサギの身長がアリスの5分の1だとすれば，（アリ

スの身長÷ウサギの身長）はいつでも5になるわけです。子どもたちにこの話をしてやるととても面白そうに聞いてくれます。

「両方に大きさが半分になるビスケットを食べさせると96÷12=48÷6」などと発表する子どもたちもいて楽しいです。

これも包含除の場面での説明です。もちろん，等分除のもとでも説明できます。42個のたこ焼きを6人で等分する情況を思い浮かべます。もし，等分する人数が半分の3人になると，たこ焼きも半分の21個でよいことになります。

もちろん，数学的にはもっとすっきりした説明はできるでしょう。しかし，子どもたちに受け入れてもらえないと意味はありません。子どもたちと話し合いながら，わり算のきまりのイメージを作っていくことが大切なのです。

4. 九九で「神経衰弱」分配のきまり

私が今勤めている短大での教え子に石原という青年がいます。仲間から都知事と呼ばれ人気者でした。2年前に卒業し，今は臨時採用の身です。それでも3年生8名の学級を任せられ楽しく担任をやっています。

先日，電話がありました。「先生，ぼくの授業を見に来ないか」というのです。喜んでいってみました。

日光の雄大な山々が迫っている。山間の小さな学校でした。学校の前を澄み切った清流が音を立てて流れ，秋茜がいっぱい飛んでいました。

元気な3年生でした。都知事は，子どもたちに3の段の九九を唱えさせました。そして，子どもたちがひとつ言うごとに，そのかけ算カードを一枚ずつ黒板に貼っていきました。

そして，次にそのカードを全部外し，今度は，その9枚のカードを裏向き

にして貼ったのです。彼の顔色がちょっと変わり，いよいよ始まるなという気迫を感じました。

「2枚めくって，答えを足して30になるのを見つけてみよう」

石原先生は，子どもたちの目をきちんと見つめながらゆっくりと言いました。トランプゲームの「神経衰弱」です。トランプでは，同じ数字の組を見つけます。でも，この九九神経衰弱では，答えの和が30になるのを見つけようというのです。

女の子が緊張して前に出て来て，カードを反しました3×8です。もう一枚，じっと残りのカードを見つめています。そして，意を決した様子でもう一枚のカードを選びました。3×6でした。カードに書かれたかけ算には答えが書いてありません。

石原君は，その2枚のカードを(図5-12)のように置いたまま，子どもたちに聞きました。

「答えを足したら30になるかなあ」
「ならないね」
「42だよ」
なかなか計算の達者な子どももいます。とても3年生とは思えません。

$$\begin{array}{l} \boxed{3 \times 8} = 24 \\ \boxed{3 \times 6} = 18 \end{array} \Bigg\rangle 30$$

(図5-12)

授業者はもとの位置のままカードを裏向けにもどしました。後の反省会で，このときの授業者の対応がこれでよかったのか問題になりました。

さあ，今度は2枚のカードの位置が分かっていますから，当てるチャンスが大きくなりました。男の子が出てきて左下隅のカードを開けました。

3×4でした(図5-13)。「あっ，ある」と叫んだ子どもがいます。俄然，みんなの子どもが色めき立ってきました。

5. 計算の根

```
┌─────────────────────────────┐
│  ┌─────┐                    │
│  │3 × 4│ = 1 2              │
│  └─────┘            ⟩ 3 0   │
│  ┌┄┄┄┄┄┐                    │
│  ┆⋮ × ?┆ = 1 8 (3 0 − 1 2)  │
│  └┄┄┄┄┄┘                    │
└─────────────────────────────┘
```

(図5-13)

　授業者は気付いてませんが，素晴らしい子どもを見つけました。ノートに3×4の答えの12を書いて，30から引いているのです。そして，18。18＝3×6だから，そのカードを探しているのです。子どもたちの中には「当てたい」という鯛がぴちぴち跳ねています。だから，自然に書きたくなったのです。これも立派な鯛です。

　もう，代表の子どもだけの舞台ではありません。8人の子どもたちの総力戦です。先ほど捲られていた3×4が再び表向きました。
　さあ，子どもたちによって見つけられた3×6と3×4の2枚のカード。
　石原先生は，このカードをどのように黒板上で扱うでしょうか。私はとてもそのことに興味がありました。
　先生は，子どもたちといっしょに2枚のカードにそれぞれ答えを書き込み（図5-14）のように黒板に貼りました。そして，確かに，答えの和が30になることを確かめました。

　私が興味があったのは，この二枚のカードの並べ方です。私なら，自分で貼らずに，子どもに任せます。子どもはどのように並べるでしょうか。
　もし子どもが，（図5-14）のよ

```
┌─────────────────────┐
│  ┌─────┐            │
│  │3 × 4│ = 1 2      │
│  └─────┘      ⟩ 3 0 │
│  ┌─────┐            │
│  │3 × 6│ = 1 8      │
│  └─────┘            │
└─────────────────────┘
```

(図5-14)

うに並べて貼ったら、これはものすごく褒めます。そして、この並べ方のどこがいいのか、これも子どもたちに聞きます。

　子どもたちは、答えの和が30になるカードの組を次々に見つけていきました。黒板に4組のカードが並びました。3×5のカードだけが、独りぼっちです。「もう一枚、3×5があるといいのにね」と子どものひとりがいいました。それを聞いて、石原先生が特別出演の3×5のカードを新しく作り、これで5組のカードができました（図5-15）。

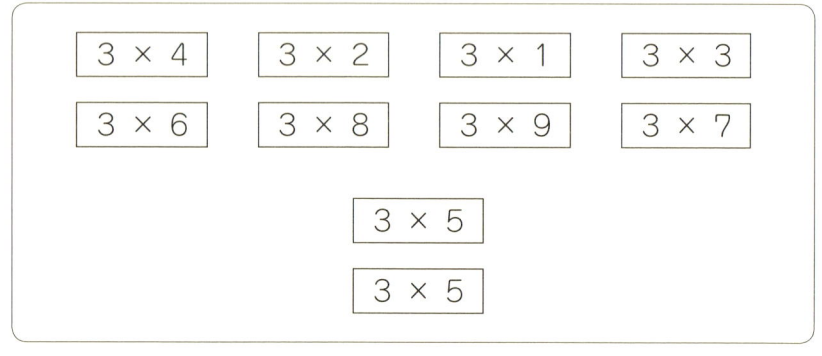

```
┌─────────────────────────────────────────────┐
│  [3×4]    [3×2]    [3×1]    [3×3]           │
│  [3×6]    [3×8]    [3×9]    [3×7]           │
│                                              │
│              [3×5]                           │
│              [3×5]                           │
└─────────────────────────────────────────────┘
```

（図5-15）

● **「あっ，10になってる」**

　「これを見て、何か面白いことに気付かないかなあ」と石原先生がちょっと改まった調子で子どもたちに言いました。いよいよ授業の山場です。

　この時点でカードは、（図5-15）のように貼られています。貼ったのは、石原先生です。私は、不満でした。ここは、子どもたちにカードを並べさせなければならないところです。これでは、かける数の和がどれも10になっていることがすぐに見えてしまいます。

　案の定、子どもたちは「10になっている」と言い出しました。子どもが前に出てきて、かける数を指で押さえながらどれも10になっていることを説明しました。みんなが、そのことを認めました。

「答えを足して 30 になるかけ算を集めたら，どれもかける数を足すと 10 になっている。面白いね」

子どもたちは，こくんと頷きました。ここでチャイムが鳴り，授業は終わりました。

石原先生の工夫には驚きました。神経衰弱のゲームを使って，かけ算どうしのたし算をさせるというアイデアはなかなかです。子どもたちは，答えの和が 30 になるカードの組を作りたいという鯛を元気に泳がせました。

そして，その結果，どのカードもかける数の和が 10 になっていることを子どもたちが発見しました。成功です。本人は，授業が終わって，反省しきりで，浮かぬ顔でしたが，私にとっては，とても充実した時間でした。卒業したばかりの若い先生が，自分で工夫して教材を創り，子どもたちとの授業に取り組んでいる。そこに爽やかな逞しさを感じました。

5. 分配のきまり

ところで，石原先生は何をしたかったのでしょうか。何を子どもたちに伝えたかったのでしょうか。いわゆる，分配のきまりを子どもたちに気付かせたかったのです。

分配のきまりを式で書くとつぎのようになります。

A×m+A×n=A×(m+n)

ということになります。石原先生が子どもたちといっしょに見つけたカードの組の一つを式で表すと

3×4+3×6=3×(4+6)=3×10　ということなのです。前ページで

示した，分配のきまりのほんの一例を見つけただけです。これで分配のきまりを学習したとはとてもいえません。しかし，3の段どうし加えると新しい3の段のかけ算ができるということを見出したことは，子どもたちにとってとても大きいことだと思います。そういう手応えのある授業でした。

　私も石原君と同じような授業をしたことがあります。神経衰弱は思いつきませんでしたが，場面は石原君と同じ3の段の九九でした。
　まず，3の段のかけ算九九を（図5-17）のように板書しました。

　そして，ちょっと声の調子を変えて「何か面白いことは見えないか」と聞きました。詳しいことは省きますが，子どもたちは3の段の答えの列から様々のことを見つけました。十の位の変化の面白さ。一の位に1から9まで全部の数がそろっていること。十の位と一の位の数の和が3，6，9と繰り返すことなど見つけて大喜びです。

```
3×1＝ 3
3×2＝ 6
3×3＝ 9
3×4＝12
3×5＝15
3×6＝18
3×7＝21
3×8＝24
3×9＝27
```
（図5-17）

　ひとりの子どもが
「30がいっぱい見える」
と言いました。その子の言っていることが分かりません。みんなでじっと並んでいる数を見つめました。やがて，「見えた」「見えた」とあちこちで声が上がりました。

　でも，まだ30が見えない子どもたちが沢山います。見えている子どものひとりにヒントを言わせました。
　「上と下を足す」というヒントです。素晴らしいヒントです。見えていなかっ

た子どもたちの多くがこのヒントで「分かった」「見えた」と騒ぐことができました。でも，まだ数人怪訝な表情の子どもがいます。

　もう，ちゃんと 30 が見えている久男に

「君の見えている 30 を，声を出さないで，みんなに見えるようにしてごらん」

と言うと，久男が前に出てきました。そして，３×１から３×９へ，久男の指がすうっと弧を描きました。図 (5-18)。次に３×８から３×２へ，さらに３×７から３×３へ，次々に久男の指の線が結んでいきます。指で結んだ線だから目に見えません。しかし，子どもたちの目にはしっかりと見えているのです。

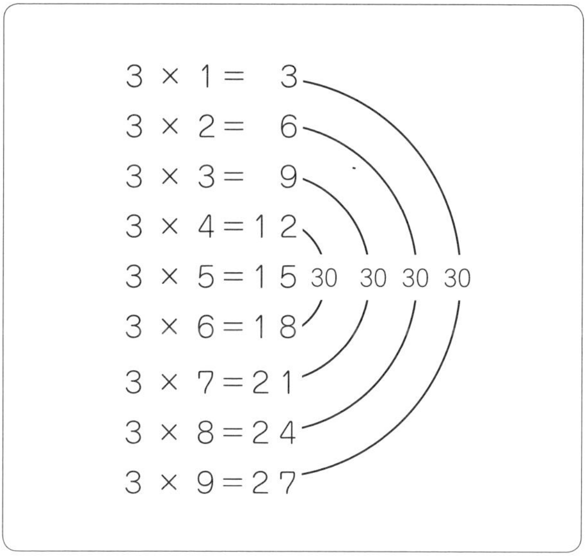

```
3 × 1 =  3
3 × 2 =  6
3 × 3 =  9
3 × 4 = 12
3 × 5 = 15   30  30  30  30
3 × 6 = 18
3 × 7 = 21
3 × 8 = 24
3 × 9 = 27
```

(図5-18)

　今，ここで話題にしている３×４と３×６のように，３の段でかける数の和が 10 になる九つの答えの和はどれも 30 になることを見つけたのです。

5. 計算の根

分配のきまりを見つける入り口に立つことができたのです。

分配のきまりが最初に役にたつのは，23 × 12 のようなかけ算です。このかけ算を 23 × 10 と 23 × 2 にという既習のかけ算二つに分けて考える場面です。これは下の（図5-19）のように，筆算のしくみを支えている計算のきまりなのです。かけ算の根っこがだんだん見えてきました。

```
    2 3
  × 1 2
  ─────
    4 6  ……  23 ×  2
  2 3 0  ……  23 × 10
  ─────
  2 7 6  ……  23 ×  2 ＋ 23 × 10
           ＝ 23 × 12
```

（図5-19）

6 答えに意味のある計算

1. はかない計算練習

　子どもたちは毎日夥しい量の計算練習をしています。「夥しい」という表現でいいと思います。
　「ぼくらの先生は，計算ドリルの同じページを3回やってこいと言うんだよ」これは，最近出会った子どもから聞いた話です。先生は，決して意地悪をしているわけではありません。なんとか，速く正しく計算のできる子どもになってほしいという願いでいっぱいなのです。その想いが伝わってきます。

　教科書に出ている計算問題だけでなく，別に用意された市販の計算ドリル。さらに先生自作のプリント練習と子どもたちの算数の学習は計算練習の連続です。先生の計算に強い子どもになってほしいという願いのもとで，子どもたちは山ほど計算はしています。しかし，その計算の答えの大きさは子どもの生活に必要なものではありません。その答えの数について知的な関心があるわけでもありません。
　私たち大人が計算するときは，何か目的があってのことです。買い物をしたときとか，仕事の計画を立てるときとか，答えが必要なとき計算します。当たり前のことです。目の前にある数を，何の目的もなくかけ算する人がいたとしたら余程変わった人でしょう。

　しかし，子どもたちの計算練習には，答えを求める目的がありません。いや，目的はただひとつあります。それは，答えが正しいかどうかということです。先生に○を付けてもらえるかどうか，答え合わせで，みんなから「いいです」と言ってもらえるかどうか。それが気に掛かるだけです。しかし，答えの数の大きさそのものには必要性も関心も全くないのです。

私は，日本人なのにお箸が上手に使えません。そのことを気にした両親に子どもの頃お箸の使い方の練習をさせらされました。お皿に盛られた大豆をお箸で摘んで隣のお皿に移すのです。この無味乾燥な練習を続けました。一日百粒とノルマを決められてのドリルでした。しかし，いっこうに成果は上がりません。確かにスピードは出てきました。上達したのです。周りから応援され，タイムを計られると，速く豆を移すこと自体が目標になったのです。しかし，実際の食事のときの箸使いは上手になりませんでした。ただ，私が不器用なだけの話かもしれません。しかし，箸の使い方はやはり食事のときに訓練するべきではなかったのでしょうか。

　子どもたちに計算ドリルをさせるとき，ふと，子どものころの「豆移しの訓練」を思い出しました。あんな儚い時間を子どもたちに過ごさせたくないと強く思うのです。

2. 答えに意味のある計算練習

　計算練習には二つの段階があります。ひとつは，子どもがまだ筆算の形式を手に入れていない段階の練習です。この段階の学習については，第四章で詳しく述べましたが，なお，もうちょっと書き加えておきます。

　計算練習に「これが一番いい方法だ」などというものはありません。自分に合った，そして，子どもたちに合った仕方を考えるしかないでしょう。私は，子どもたちがまだ筆算形式に不安があるときは，沢山練習させないように気を付けました。まだ，筆算の不安定な子どもに，そのまま，繰り返し練習させると，間違ったやり方を繰り返してしまう恐れがあります。だから，一問題やらせては，点検するということを繰り返しました。ときには，

電卓で一問ずつ，自分で答えを確かめさせました。そして，正しくできなかったときは，私の所まで見せに来るように厳しく躾けました。

こうして，筆算が安定してくると，計算練習の二段階目です。ここでは，思い切り計算を使わせるのです。

子どもたちが答えの大きさに関心を持ちながら計算する場面を作りたい。そのことをいつも考えました。

例えば，3位数×2位数の筆算を学習したとき，次のような問題を出しました。この計算の筆算が一応できるようになった子どもたちです。

「1，2，3，4，5の5つの数を□に入れて，□□□×□□のかけ算を作ります。できるだけ，答えの大きなかけ算をさがしなさい」
という問題を出しました。家庭での課題にしました。いわゆる宿題です。

計算した答えが小さくても，大きくても，計算したものは全部残しておくことを指示しました。算数のノートでは書き損じ以外は消しゴムは使わないというのが普段からの約束です。間違いも消さずに残しておくのです。

この問題を私はあまり深く考えないで，子どもたちに示してしまいました。正直にいいますと，子どもたちに提示したとき，私自身，どのかけ算の答えが最高値になるのか確かめていませんでした。

子どもたちを帰した後，計算を始めました。電卓が手元にあったのですが，筆算でやってみました。子どもたちには「筆算でやれ」と言ってあったので，自分だけ電卓を使うのは気が引けたのです。

実際にやってみると面白かった。まず，521×43をやってみました。かけ合わす二つの数の左端に5と4を置いて，積を大きくしようと考えました。答えは22403でした。でも，計算している途中から421×53が気になっていました。どちらが大きいのだろう。私の暗算力では咄嗟に判断できません。すぐに計算しました。結果は22313でした。二つのかけ算の答えは後者が90小さくなっています。この90の正体はなんでしょうか。

二つの筆算を見ていると，その正体が見えてきました（図6-1）。

6. 答えに意味のある計算

```
  521              421
×  43           ×   53
─────   300大きい  ─────
 1563   ←──────   1263
 2084   210大きい  2105
─────   ──────→   ─────
22403   90大きい  22313
        ←──────
```

(図6-1)

まず 521×3 と 421×3 と比べると前者が 300 大きくなる。これは，はっきり見えます。次に 521×40 と 421×50 とを比べます。これはちょっと面倒にみえますが，違いは 21×40 と 21×50 の差です。つまり，後者が 210 大きくなっています。全体では，前者から見ると，300 大きくなって，210 小さくなるのですから，結局 90 大きくなるのです。これは，電卓で計算してしまってはなかなか見え難いでしょう。

面白くなってきました。網に掛かりそうな計算を全部，やってみようと思いました (図6-2)。

512×43=22016　　531×42=22302　　421×53=22313
513×42=21546　　532×41=21812　　423×51=21573
521×43=22403　　412×53=21836　　431×52=22412
523×41=21443　　413×52=21476　　432×51=22032

ちなみにこれを大きい順に並べてみると，次のようになりました。

① 431×52=22412　⑤ 432×51=22032　⑨ 423×51=21573
② 521×43=22403　⑥ 512×43=22016　⑩ 513×42=21546
③ 421×53=22313　⑦ 412×53=21836　⑪ 413×52=21476
④ 531×42=22302　⑧ 532×41=21812　⑫ 523×41=21443

(図6-2)

時間の経つのを忘れて，計算したり，数を眺めてみたりしました。子どもたちは何処まで見つけて来るだろうか，それが楽しみになりました。
　案の定，子どもたちは，最大の答えを求めてさまよったようです。少ない子どもで3つ。多い子どもはすぐには数え切れないほどの計算をノートに残していました。最大の結果を求めるだけなら，前述の12個の計算をするだけで十分のはずです。だが，やっている内に他の計算もしてみたくなったと言うのです。3つぐらいしか計算していない子どもたちもそれなりに苦労しているようです。どうしたら答えを大きくすることができるか考え続けたというのです。「考えるより，やってみた方が速いじゃないの」とからかってみたのですが，何かきまりがあるはずだと頑張っているのです。

　この計算の宿題は，ドリル帳の練習と大きな違いがあります。違いのひとつ目は，計算に登場する数を子どもたちが自分で決めているということです。他から与えられた計算を闇雲に処理しているのではありません。そして，もうひとつ大きな違いは，答えに大きな関心があるということです。自分が結果を知りたいから，計算をしているのです。
　計算の結果が計算した子ども自身にとって意味のある場面で，大いに計算を使わせる。計算の力を付けるというとき，私は特にこのことを強調したいと思います。計算が子どもたちが対象に働きかけていく道具にならなければならないのです。
　まず，計算ができるようにすることが大切だ。使うのは，その後で考えることだという人がいるかもしれません。たしかに，初めて出会った計算方法を自分のものにするためには，最初は計算のために計算をするという段階も必要です。

　鋸の使い方を身に付けるのには何かを作るためではなく，ひたすら丸太とか角材を切るために切るという練習をしなければならないでしょう。しかし，

それはひとつの段階です。いつまでも丸太をただ切っていても鋸の使い方は上達しません。目的を持って，その道具を使うことが必要です。例え，小さな本箱でもいい，それを作るという状況のもとで鋸を使ったとき鋸の本当の使い方を覚えるのです。

　計算でも同じです。目的をもって計算を使う。そのことを通して，本当に計算ができるようになるのです。では，本当に計算ができるとは，どういうことをいうのか。いくつか，実践例を通して考えていきます。

3. 知的な根性

　ある町のホールは定員が1000人です。このホールで劇団の人たちが4日間同じ劇をやってくれます。
　下の数は，この町の12の学校の子どもの数です。
　どのような組み合わせで見学すればいいでしょうか。

344	218	238	167	574
187	296	123	412	535
438	329

　こんな問題を作ってみました。架空の町の架空の出来事です。最初子どもたちの中に計算してみたいという鯛はいませんでした。
　しかし，子どもたちは一歩踏み出したとたん，微かに表情を変えました。何かじっと考えるように数の群を見つめています。数を選んでいるのです。和が1000に近い数の組を作ろうとしているのです。
　こんな問題場面に出会ったとき，失敗を恐れて手を出さない子どもに絶対

にしたくありません。とにかく，自分で決めて動いてみるという根性を植え付けたいのです。

　根性というと，「根性を叩き直す」とかいうように悪い性根を意味することがあります。しかし，辞書で引くと3番目ほどの項目に「厳しい条件にへこたれないでやり通す気力」と書いてあります。私が，ここで使っている根性はこの意味です。計算するということには，おとなでもなんらかの抵抗があります。面倒だとか，ややこしいとか，鯛とは逆のしたくないという要素が計算するという行為には付帯しています。しかし，一方に計算して調べたい，知りたいという鯛がいます。問題に向かっていくというのは，この面倒だという気持ちと調べたいという鯛と二つの心の戦いです。鯛に突き動かされて，面倒な計算を遂行する。これは根性です。根性というと，普通は身体的な苦痛に耐え，乗り越えていく人の姿を指して使われがちです。ここでは，結果を知りたいという知的な要求に関わっている子どもたちの姿を表していますから，知的な根性と言いたいと思います。

　知的な根性の第一歩は，まず，失敗を恐れずやってみることです。

　一回の公演に1000人までしか入場できません。だから，この12個の数の中から，合計が1000以下になる組を作らなければならないわけです。それが第一歩です。

　第一歩を踏み出すのには，この数の中から，2つまたは3つを選び出さなければなりません。それを自分の手で行う。ここが大切です。それをしなければ何も始まらない。これは強制してでも，させなくてはならないのです。目指すのは，子どもたちが自分で動き出すことです。しかし，じっと動き出すのを待っていても何も起きないときはどうするか。そのときは無理にでも動かすのです。エンジンはセルモーターを駆動して外からエンジン本体に力を加えなければ始動しません。

　とにかく，2つ，または3つの数を選ばすのです。もちろん，子どもたちが，

6. 答えに意味のある計算

　何も考えずに, でたらめに選ぶということはないでしょう。合計が1000を越さないようにという条件があるのですから, それは頭の隅にあるはずです。たとえば, 512と574を選んだ子どもがいたとします。見ただけで, 大人は, それが1000を越すことが分かります。しかし, それを指摘しては駄目です。それよりも二つの数を自分で選んだことを認めるべきです。しかも, 百の位の二つの5をきちんと見ている。このことを誉めなければなりません。

　次に, 選んだ二つの数をたし算させます。これは繰り上がりがありませんからすぐに計算できるはずです。

　「立ち見の人が何人できるかな」

　「ええと, 86人」

　「3時間も立って劇を見るのは可哀想だね」

　「えっ, 三時間もかかるの」

　「うん, もっとかかるかもしれないよ」

　話が弾みます。しかし, こんな話を通して, だんだん問題の意味を理解していくのです。

　ここから, 子どもたちは夥しいたし算をすることになります。その計算は自分で数を選び決めた計算です。しかも, その計算の結果に子どもたちは一喜一憂することになるのです。途中で, 子どもたちの数人が素晴らしい方法を見つけました。12枚のカードに, それぞれ数を書き込んで, 組み合わせを作り計算していくのです。この方法は, たちまち教室中に広まりました。

　子どもたちが見つけた二つの組み合わせを示しておきます。もちろん, これ以外にも, 条件に合った組み合わせはあるでしょう。

218+344+438=1000　　574+344=918
412+187+296=895　　535+438=973
167+238+574=979　　412+329+238=979
123+329+535=987　　218+187+123+167+296=991

4. FBI方式

もうひとつ、子どもたちが目的を持って計算を続けた活動例を示します。

「235÷□の余りが4になるように□の数を求めなさい」という問題を出しました。4年生、3桁の数を1位数で割るわり算を学習した後です。

恐らく、この問題を、この文のままで読んでも子どもたちの多くは、なんのことか分からないでしょう。何もできずただ暗い顔をして漫然と問題を眺めているしかありません。

しかし、とにかくやってみようという積極性と根性があるなら、全く違った状況が起こります。例えば□に3を入れてみます。235÷3=78余り1です。ハズレです。そもそも余りが4になるのですから3で割ってみるのがおかしい。それはそうですが、そんなことを咎める必要は全くありません。やってみたという積極性を誉めるべきです。3で割ってみて、初めて、その余りは2か1だということに気づく子どももいるかもしれません。それはそれで、また立派なことでしょう。

先生が言葉で伝えたから、それが子どもたちに伝わるとは限りません。むしろ、伝わらないと思っているぐらいでいいのです。

「余りは割る数より大きくなってはいけません」と先生が言う言葉は空しく子どもたちの上を通り過ぎていくだけです。言葉で伝えたから子どもたちに分かってもらえたという信じ込みが如何に空しいか心に刻み込んでおくべきです。子どもたちは自分の手でやってみて分かるのです。やらされてではありません。自分の意志で試みることが大切なのです。

6. 答えに意味のある計算

　ここからは，私の担任した学級での授業風景を再現します。かなり昔の話なので，細かい部分は記憶的推量で埋めながら書いていきます。記憶的推量とは完全に覚えているわけではありませんが，かといって想像や創作ではないということです。

　「先生，FBI方式でいこうよ」と和彦が言うのをきっかけにして子どもたちがその気になりました。FBI方式は，1年生のときから，子どもたちが使っている問題解決の方法です。

　1年生のとき，□+△=20で□と△の違いは8。□，△は何か。という問題に挑戦したことがありました。そのとき，□に0から20まで一つずつ入れて調べたらいいと子どもたちが言い出しました。そのとき，子どもの一人が「犯人は必ず見つかる」と物騒なことを言いました。すると，別の子どもが「FBIだ」と言いました。何でも頭に浮かんだことを口走ってしまう1年生でした。そんなことで，1から順番に調べていく方法をFBI方式と子どもたちは呼ぶようになったのです。

　さて，話を元に戻します。
　235÷□が4余るようになる□の数をFBI方式で調べることになりました。
　「□の中には，数字は一つなの」
　多美が聞きます。
　「どういうことなの」
　「23とかは，入らないのかなあ」
　「みんな多美の心配わかるかなあ」
　「□には数字が一つだけはいるのではなく，二けたの数も入るかもしれないってこと」

　多美の質問はとても重要です。この場合，□は，xやyなどの文字と同じように，どんな数にでも置き換えることができる記号のつもりです。でも，

109

子どもにすると，数を入れる□が文字ひとつ分ぐらいの大きさなので，桁の大きい数は入れることができないように思っているのです。

「この□はどんな大きい数でも小さな数でも置き換えることができるんだよ」

ここでは，この程度の説明でいいでしょう。あとは，活動を進めながら伝えるしかありません。

子どもたちはFBI方式で計算を進めていきます。

```
235÷1=235・・・0
235÷2=117・・・1
235÷3= 78・・・1
235÷4= 58・・・3
235÷5= 47・・・0
235÷6= 39・・・1
235÷7= 33・・・4
235÷8= 29・・・3
235÷9= 26・・・1
```

瞬く間に9個もわり算の練習をさせることができました。でも，子どもたちは，練習しているつもりはありません。余りが4になる数を探しているのです。

7が見つかりました。この段階で子どもたちが計算できるのは，一位数で割るわり算です。だから，これで限界です。同時に，子どもたちは問題は解決したと思っています。私も4年生なら，ここまでかなと思っていました。

ところが，亮太が，「11で割っても4余る」と言い出したのです。これを無視するわけにはいきません。「なぜ，11で割ってみようと思ったの」
と突っ込んでみました。「235÷10をやると，23で余りが5だから，11でもやってみたの」とよく分からない反応です。要するに11でもやってみたいという鯛がちらっと姿を見せたのでしょう。それにしても，どのようにして235を11で割ったのでしょうか。

11×□の□に数を入れて235に下から最も近づく数を求めたのです。

「11×20=220だから，11×21にした。すると231になる。ほら，4

6. 答えに意味のある計算

余るでしょう」と亮太など数人が淡々と説明しています。これは，みんなが認めました。

宿題にして，一晩置くと，次々と条件に合う数を子どもたちが見つけてきました。

```
(235÷  1=231…4)
(235÷  3=  77…4)
 235÷  7=  33…4
 235÷ 11=  21…4
 235÷ 21=  11…4
 235÷ 33=   7…4
 235÷ 77=   3…4
 235÷231=   1…4
```

最初は，7しか見つかっていなかったのに，こんなに沢山，条件に合う数を見つけたことに，みんな興奮気味です。

「3がない」と言う子どももいました。商の数と割る数が対応しているのに3だけがありません。235÷3=78…1だからです。この式をみんなでじっと見つめました。

253÷3=77…4と書くことはできます。この式をテストに書いたら間違いですが，この書き方を，今だけ許せば上の表は，とても美しく出来上がります。もうひとつあります。235÷1=231…4と235÷231=1…4の対です。さすがに，このことに気付いた子どもはいなかったようです。「ようです」というのは，授業後のメモに何も記されてないからです。ただ，説明の二文字だけが丸でかこまれているだけです。私が，子どもたちに知らせたのでしょう。

子どもたちはすっかり235という数と仲良しになりました。計算の得意な子，不得意な子がいます。計算の速い子，遅い子もいます。しかし，みんな，それぞれに235に関わったのです。

二，三位数を一位数で割るというわり算の単元内での学習でした。しかし，そこに留まらずに二位数や，三位数で割ることまで活動の範囲は広がっています。見方によっては，5年生の倍数，約数につながる内容に触れていると

もいえます。

　計算の学習を，ただ，答えを出す手続きを身に付けるという狭い範囲に押し止めておきたくありません。計算の学習は，計算を使い，計算について考えることを豊かにする場面でありたいとつくづく思います。

5. 第一の感動と第二の感動

　235÷□のあまりを調べるという問題を子どもたちはとても気に入りました。味を占めた子どもたちは，同じような問題を出せとせがみました。そこで。次のような問題を出しました。

　「□÷9はあまりが7になります。□はどんな数でしょうか」

　子どもたちは早速，FBI方式でやろうとしました。しかし，すぐに，それが馬鹿馬鹿しいことに気付きました。9の段のかけ算の答えに7を足せばいいことが見えたのです。「これは簡単だ」と呟きながら，ノートに次々と書いていきます。それを黒板に発表させました。

| 61 | 88 | 16 | 25 | 52 | 97 | 34 | 70 |

　一人が一つずつ発表するので順序不同です。いくつか発表されたところで，私は，意味ありげな表情でこれらの数を眺め「面白いなあ」と独り言のように呟きました。もちろん，子どもたちに聞こえるようにです。

　子どもたちは，私のわざとらしい独り言を聞き，目を凝らして黒板に並んだ数字を見つめます。やがて，「あっ，面白い」「本当だ，何故なの」という叫び声にも似た声が上がり始めます。

　「何が見えたのかな」

　と問うと，数人の子どもたちが勢いよく手を上げて「言わせて，言わせて」

6. 答えに意味のある計算

と迫ります。

　ちょっと寄り道をします。授業の中でこのような場面によく出会います。

　このとき大切なのは，気付いた子どもたちに勝手に話をさせないことです。

　一人の子どもが自分の気付いたことを勝手に話してしまうと，その子どもの独壇場になってしまい，他の子どもたちは聞き手に回ってしまいます。

　このような場面では，きちんと手を上げて，先生の指名を受けて発表するように躾けておきます。これは学級の約束です。

　いくつか並んだ数を見て，面白いきまりの見えた子どもは感動しています。自分で見つけたのだから，これはどきどきします。これを第一の感動と呼ぶことにします。友だちの気付いたことを聞いて「ああそうか」と認めるのも感動です。これは第二の感動です。できるだけ多くの子どもに第一の感動を味わってもらいたい。これが授業者の心です。だから，一人の子どもにいきなり発表させないのです。

　何もこちらが聞いてないのに，「言わせて，言わせて」「見えた，面白いことが見えた」と懸命に手を上げる子どもたち。その子どもたちに向かって「どうしたの」と冷たくききます。子どもたちは「気がついた。面白いことに気がついた」と追いすがります。その子たちに「それは，気のせいでしょう」ととぼけます。「いや，気のせいじゃない。見えた見えた」と子どもたちも必死です。「それは，見間違いでしょう」とさらにボケてみせます。

　このようなやりとりは，筑波大附属小の田中先生がよくやっています。

　子どもたちを躍起にさせる，面白い授業の技です。

　よく見えている子どもたちに発表させたい。しかし，他の子どもたちにも気付かせたい。温かくとぼけながら，みんなの子どもたちが気付くのを待っているのです。

　「よし，分かった。では，その見えていることを。ヒントで言ってごらん」

あくまで，見えていることを剥きだしに発表させないのです。

一人の子どもが発表します。

「一の位と十の位」

その子のヒントです。なかなかいいヒントです。こんな簡単なヒントなのに，まだ，きまりが見えていなかった子どもたちの中から「ああ，そうか」と笑顔が生まれます。第一の感動を喜んでいるのです。

また，一人の子どもがヒントを言います。

「7がいっぱい見える」これも素晴らしいヒントです。

「16と61」「25と52」というように十の位と一の位が入れ替わっている数のあることに気付いている子どもたちもいました。これも，いい着眼です。ここに出ていない79とか43とかも9で割ったら7余ることを確かめて喜んでいます。

61　88　16　25　52　97　34　70

もう殆どの子どもたちが，きまりが見えました。十の位と一の位を足すと7になっているのです。

「でも，88と97は，7にならないよ。16だもん」

口を尖がらせて，頑張っている子どもたちがいます。こんな場面では，手を上げずにどんどん発表していい。それを子どもたちは知っているのです。

「あ，なるほどね。確かに7になっているのが多いけど，7になっていないのもあるね」

「違う。それも7になっている」

もう，私もおさえることができません。子どもたちは自分たちで前に前に進みます。確かに，88と97は一の位と十の位の数の和は16で，7ではありません。しかし，16の1と6の和は7になっています。

「どうしてなの」「すごい。不思議」

子どもたちは興奮気味です。

6. 答えに意味のある計算

これは言いたくなかったのですが，こちらが，そっと先回りをします。

「3けたでは，どうかなあ」

子どもたちは，一瞬，静かになり，計算を始めました。私のねらいはこの瞬間にあったのです。

例えば，223は使われている3つの数の和は7です。この数も9で割ったら，余りが7になるでしょうか (図6-2)。やっぱり余りが7になります。

子どもたちは自分で3桁のわり算を作り，その余りと3つの数の和が一致することを確かめていきます。自分で割られる数を決め9で割るわり算を実行する。そして，その余りを調べる。それは外から見ると計算練習をしているのと変わりはありません。しかし，子どもたちに練習をしているという気分はありません。自分の「たい」に押されて計算しているのです。

n桁の数を9で割ると，その余りは，それぞれの桁に使われた数の和に等しくなる。これは，子どもたちにとっては驚きです。しかし，なぜ，そのようなことが起きるかという理由は，子どもたちが自分で解明するのは難しいでしょう。

(図6-2)

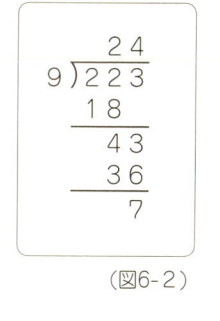

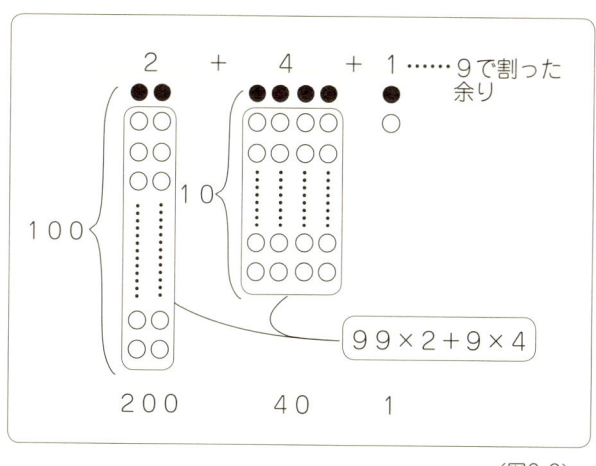

(図6-3)

115

3桁の場合で，4年生の子どもにも分かる説明をしてみましょう。
　例えば，241の数を9で割ります。(図6-3)のように241個のおはじきを並べます。そして，いちばん上端のおはじきだけを色を変えます。そのおはじきの数は2＋4＋1になります。下に残されたおはじきは99×2と9×4ですから，9で割り切れるはずです。つまり，241を9で割ったときの余りは2＋4＋1になるのです。
　この9で割るわり算の面白い性質を利用すると，子どもたちの知的な興味を引き出す，様々な場面を作ることができます。

　私の得意な授業題材の「がったんぴい」もこの性質を利用したものです。
　拙著「算数授業に子どもたちの生きる姿を見た」(学校図書株式会社)に詳しく授業記録を載せてあります。是非，参考にしてください。

7 答えへの道筋

① 筆算指導の宿命

　誰もが，いきなり筆算を教えるということはしないでしょう。例えば，28+57のような計算を子どもたちに指導するとき，まず，子どもたちの手でこの答えを求めさせるはずです。そして，子どもたちが考えたその方法をもとに計算の仕組みを作っていきます。一の位の数どうし足し，十の位は十の位どうし足す。そして，繰り上がりのあることを教える。そういう手順を経て，最後に筆算の形式を教えるはずです。

　筆算に辿り着く前に，子どもたちは様々な表現をし，多様な発想を表出します。おはじきやブロックを取り出し，それを操作しながら答えへの過程を説明しようとします。図で自分の考えたことを表すこともします。考え方もいろいろと発表します。例えば，28にまず50を足して78．その78に7をたして85とする子どももいます。30と60をたして90。90から5（2＋3）を引いて85だという子どもにも出会ったこともあります（図7-1）。子どもたちは素直に奔放に数に働きかけていきます。

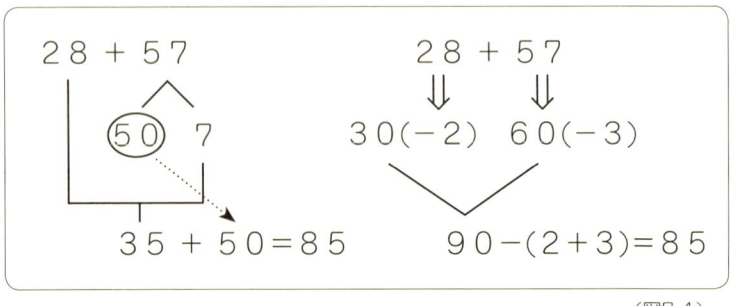

```
   28 + 57              28 + 57
    ╱╲                   ⇓    ⇓
   ㊿  7              30(-2)  60(-3)
     ⋮                   ╲   ╱
     ↓                    ╲ ╱
   35 + 50=85         90-(2+3)=85
```

（図7-1）

　しかし，その次の段階に筆算の指導が待っているのです。確かに筆算の方法と子どもたちの考えた方法は繋がっているかもしれません。しかし，一端，

筆算を身に付ける段階に入ると，子どもたちの生き生きした表現も奔放な発想もだんだん遠ざかっていきます。一の位から計算するという手順が鉄のきまりとして押し付けられます。「1繰り上がって…」という言葉も有無を言わさず子どもたちが使えるようにしなくてはなりません。

　子どもたちの計算のイメージを大切にし，子どもたちの発想に任せる最初の段階と，筆算の形式を伝える段階とに大きな隔たりができるのです。これは，現在の計算指導の大きな問題点だと私は感じます。この問題は，筆算を主軸にする計算指導の宿命といっていいかもしれません。
　筆算を進めていくとき，数や計算へのイメージは必要ありません。イメージなどに頼らないで，形式的に安心して処理できるところが筆算のよさです。こんなありがたいことはありません。まことにありがたいのですが，冷たいのです。子どもたちは教えられた手順にひたすら従うだけです。一方，算数の授業の基本は，子どもたちの能動性を引き出すことだという立場があります。両者はどう考えても共存できそうにありません。しかし，双方とも外すことはできない。ここに宿命的問題があるわけです。どうすればいいのでしょうか。

② もうひとつの証拠

　私は計算の答えを速く求めることに，それほど意味を感じていません。
　計算機器が飛躍的に普及して来ている現代，筆算ができること自体，その必要性はどんどん減衰しています。事実，おとなは，日頃ほとんど筆算はしていないでしょう。かと言って，生活をするのに基礎的な計算はできなくては困る。これも確かなことです。そんな現状の中で，時間を競って速く計算

する必要はないでしょう。

　大切なことは，子どもがイメージを持って数や計算に働きかけることができること。そして，基礎的な計算が正しくできること。この両者を両立させることです。

　そこで，私は，子どもたちに計算をさせたとき，答えが正しい証拠を二つ以上示すことを要求しました。例えば，48×6の計算をする。答えは，筆算ですると288です。「筆算ですると，答えは288でした」というのはひとつの証拠です。この上にさらに「48×6が288になる証拠を見つけなさい」と指示するのです。

　例えば，「48×3を筆算して144，それを2倍して288です」というのもOKです。「50×6＝300。それから，2×6＝12を引いて288」というのもあります。2×6の2は50－48です。こんな見事な証拠が出て来ると，みんなに対し発表させます。すると思わず拍手が沸きます。この考え方を最初に見せたのが枝折だったので，以来，枝折式という名で，学級で共有されることになりました。

　式は情報の表現です。計算は，その情報を変形する技術です。例えば，
　52－38は筆算で計算すると，右のようになり，答えは14になります（図7-2）。「52と38の差」という情報が14という最も簡潔な表現に変わったのです。ところが，52－38という文は22－8という書き換えもできます。なぜでしょう。二者から，同じ量を取り去っても差は変わらないというイメージがあるからです。この場合，両項から30を引いたのです。ひき算のきまりといってもいいでしょう。年齢差は昔も未来も変わらないというわけです。このきまりを使うと52－38は

```
  5 2
 -3 8
 ―――
  1 4
```
（図7-2）

両項に2を足して 54 − 40 と書き換えることができます。こうすると簡単に 14 という答えが見えてきます (図 7-3)。

```
  5 2    →   5 2 − 2   →     5 0
− 3 8    →   3 8 − 2   →   − 3 6
                              1 4

  5 2    →   5 2 + 2   →     5 4
− 3 8    →   3 8 + 2   →   − 4 0
                              1 4
```

(図7-3)

　答えへの道筋を一本だけしか持たない子どもにしたくありません。頼るものが筆算しかないというのではあまりに貧弱です。たとえ筆算を奪われたとしても，自分で辿ることのできる答えへの道をいくつも持っている。そういう子どもたちにしたいのです。筆算のよさを知り，筆算の過程で何をしているか理解するためにも，その自分の納得のいく答えへの道を持っていることは必要です。

③ なぜ複数の道を求めるか

　72 ÷ 3 は商が二けたですから 4 年生の指導内容です。4 年生の子どもたちに筆算で計算させたあと，いつものように，「2 つ目の証拠を見つけろ」と指示しました。
　ある子どもたちは 72 を 6 で割りました。答えは 12 です。だから，72 を 3 で割った答えは 12 の 2 倍の 24 だと言いました (図 7-4)。

72を9で割って見た子どもたちもいました。これなら，九九で計算できます。72÷9＝8です。だから，72÷3は，8の3倍の24だと言いました（図7-5）。

　72の半分は36です。これを3で割って12．だから，72÷3＝24．この道筋を取った子どもたちがいちばん多かったです（図7-6）。

　なぜか5倍の数が大好きな子どもがいました。どんな数でも25倍の数がさっと見えるのです。このときも3の5倍の5倍，75が見えました。3の25倍が75．だから，72は3の24倍だと得意そうに言いました。

```
72 ÷ 3 = 24
   ↓×2   ↑×2
72 ÷ 6 = 12
```
（図7-4）

```
72 ÷ 3 = 24
   ↓×3   ↑×3
72 ÷ 9 =  8
```
（図7-5）

```
72 ÷ 3 = 24
 ↓×½        ↑×2
36 ÷ 3 = 12
```
（図7-6）

　まだまだいっぱい答えへの道が見つかりました。90なら3で割れる。答えは30だ。72は90まで18ある。（妙な表現ですが，この子は，こう言いました）18÷3＝6。だから，30から6引いて24。これは，なかなかみんなに分かってもらえなかったのですが，最後にはみんなから拍手をもらいました（図7-7）。

```
72 = 90 - 18
  90 ÷ 3 = 30      72 ÷ 3 = 30 - 6
  18 ÷ 3 =  6               = 24
```
（図7-7）

7. 答えへの道筋

　私が，想像していたよりずっと沢山の面白い道筋を子どもたちは見つけました。もう，答えの24はとっくに分かっている。だから，他の方法なんか見つけても仕方がない。そんな風に考える子どもたちはいませんでした。新しい道筋を見つけることが面白くて仕方がないという様子でした。

　正しく，早く答えを出すことだけが計算をすることの唯一無二の目的だという環境の中で育った子どもたちには，答えへのもう一つの道を探す喜びは絶対に分からないでしょう。ひとつの答えを求めることができた瞬間，目的を達しているわけですから，もうそれ以上のことはないのです。その環境の中では，恐らく筆算だけが答えへの道であって，他の方法は値打ちはありません。それを探してみようと思いつくことさえないだろうと思われます。
　計算指導の大きな分かれ道です。答えを出すことが，計算指導の目的だ。いや，計算について考える力を付けるのが大切だ。この二つの立場がありどちらを取るかで育つ子どもたちの姿は大きく変わります。それを授業者は自分の意志で決定しているのです。

　ここでは，72÷3というわり算を取り上げました。このわり算は余りがないというだけでも特殊なわり算です。ここで，子どもたちが気付いた方法は一般的に使えるものではないかもしれません。わり算に出会うたび，新たに自分の方法を考えなければならなかったら，これは大変です。こんな効率の悪い話はありません。
　しかし，それを承知で，私も子どもたちも計算を楽しんでいるのです。
　楽しむというのは，そこに自分がいるということです。計算に自分なりの働きかけをしている。失敗したり，分からなくなったりする自分がいる。
　そして，自分で納得のいく道が見えてくる。だから楽しいのです。その楽しさの中に子どもたちを置きたいというのが，私の想いです。
　筆算では他人の作った，あるいは，予め決められた手順に従うだけです。

そういう意味で，筆算をしている子どもたちに自分の存在はありません。自分から，計算に働きかける必要はないということです。

④ 生きるということ

　計算は答えさえをしっかり求めることができればいい。いや，子どもたちが，自分なりに計算に働きかけていく姿を大切にしたい。この二つの立場はどちらかが良いとか悪いとかの問題ではありません。第一章で書いた，授業の基本に関わる問題です。どちらの立場を取るか。それは授業者の選択です。

　私は授業者として，後者の立場を取りたいと強く考えています。だからそれを主張し，若い先生たちに訴えているのです。

　今，目の前にいる子どもたちが将来どのように生きるかということは，神様にだって分からないでしょう。今，授業で教えていることが，この子どもたちにとってどのように役に立つかということも定かではありません。

　私たちのできることは，今，ここにいる子どもたちを生かすことです。それしかありません。もうひとつ，はっきり言えることがあります。今，生きることができたということ，その積み重ねが，将来，生きることにつながっていくということです。今，生きることのできない子どもたちがどうして将来生きることができるでしょうか。

　生きるというのは，自分が自分の意志で，対象に働きかけていく姿をいいます。言葉を換えていえば，生きるとは活動するということです。活動とは，目的を持って，問題に働きかけていく過程の全体です。計算も活動の対象になるはずです。間違っていけないのは，計算ができるようにするために活動が大切だといっているのではありません。授業者としては，子どもたちに活

7. 答えへの道筋

動させること自体が目標なのです。

　そこで，数や計算を対象にして活動できる子どもたちを育てるために具体的に何をしてきたかということが問題になります。それが，取りも直さず，この本で明らかにしたかったことです。ここまで書いてきたこと，この後に書くことがその全てですが，ここで簡単にまとめてみます。

　ひとつは，数に対して瞬発的に反応できる子どもたちにすることでした。
　ある数の半分や二倍が抵抗なく見えるようにすること。一つの数を二つの数の積や和として，素早く見取ることができることなどです。これは，もう訓練です。（方法や内容については，第二章により詳しく書きました）
　例えば，72 の半分の数 36 は，どの子どもたちも当たり前のように扱うことができるようになっていました。1 年生のときから，何かにつけて触れて来ているからです。この程度のことに抵抗があっては，計算に働きかける力は極端に弱くなります。

　もうひとつは，同じ答えの計算の関係をいつも見ている子どもたちにしてきたことです。答えが 6 になるたし算やひき算を集める活動に 1 年生の子どもたちは燃えました。これがきっかけになって，答えが 100 になるたし算を 101 個全部，書き並べた子どもたちもいました。答えが 5 になるひき算をノートに 2 ページも 3 ページも書き続けた子どももいました。書きたいという元気な鯛がどの子どもにも泳いでいました。当然，その加減の計算は 1 年生の内容を越えるのですが，子どもたちは全く気にかけることはありませんでした。答えの等しくなるわり算やかけ算を集めるのも楽しい活動でした。沢山の発見がありました。

　さらに，力を入れたのは，計算に使われている数を変化させたとき，結果がどのように変わるかということを見つめることのできる子どもたちにした

いと考えました。例えば，72÷3の72を36や18に変えた時，答えがどのように変わるか。そういう視点で計算を調べ，見つめるのです。
　もちろん，除数の3の方も6とか，9とかに変えて見てみるのです。そういう働きかけができるように仕向けていきました。
　まだまだ，力を入れたことは沢山あります。式を読む，式で考えるということもその一つです。筆算はもちろん教えました。しかし，それは，ひとつの計算方法という立場で子どもたちに伝えました。答えを出す道筋は沢山ある。その中の，とてもありがたい計算の仕方として，先人が工夫してくれた計算方法がある。それが筆算ですと教えました。

　計算に働きかけ，答えへの道筋を沢山見出すことのできる子どもたちに育てるということは，そんなに簡単なことではありません。積み重ねが必要だからです。しかし，子どもたちにとっても授業者にとっても楽しい授業を過ごすことができました。

⑤ 力ずくの力

　側溝に落ちた軽自動車を七,八人で力を合わせて持ち上げたことがあります。クレーンもなく,他に引っ張り上げてくれる車もいません。仕方なく「まあ,とにかく持ち上げてみようよ」と誰言うとなく挑戦してみました。すると意外に簡単に道路に上げることができました。文明の利器のお世話にならないで,案外,自分の純真無垢の力が有効なことを知ってうれしかったことを覚えています。
　人は,自分のいちばん納得できる方法を持っています。例えば,あなた自身,23×18を筆算をしないで求めなさいと言われたらどうしますか。電

7. 答えへの道筋

卓という文明の利器も奪われ，筆算という洗練された方法も使わず，この計算の答えを求める。そういう場面を想定してみましょう。そのとき，自分の持っている知識や技能のもうひとつ下に隠れていた力が顔を出します。隠れていた力という表現を使いました。でも，他の言い方をすれば，もっとも表層にある，知識や技能力を支えている自分自身の力ということもできます。

23を18個分足せば23×18を求めることができます。ちょっと面倒ですが，立派な方法です。かけ算の意味の分かっている人なら，だれもが納得です。

23の10個分が230であることを自明の如く感じている人なら，その二つ分460から，23の二つ分46を引くことにより答えの314を知るかもしれません。

というように考えると，私たちの持っている知識や技能は，ただ意識に薄く張り付いているものではなく，いくつかの層になって止まっているものだと実感できます。いや，止まっているというのは適当な表現ではではありません。目の前に出現した問題に対して，全ての層が総力を上げて働きかけていくのです。

その自分自身の底にある，その力を「力ずくの力」と呼ぶことにします。
力ずくの力とは，「洗練された方法ではないが，とにかくこれならできる」という力です。「たとえ電車や自動車が使えなくても，歩いていくよ」と言う力です。

234÷18のわり算は，まだ習っていない，学習もしていない。しかし，234から18を引き続け何回引けるかやってみようという力も力ずくの力です。ある子どもが234から，180を引き54とし，54から18が3回ひけることを見つけました。だから，234÷18は13だというのです。まだ一桁で割るわり算しか知らない子どもたちでも，力ずくの力を使えば，2桁で

割るわり算でもできるのです（図7-8）。

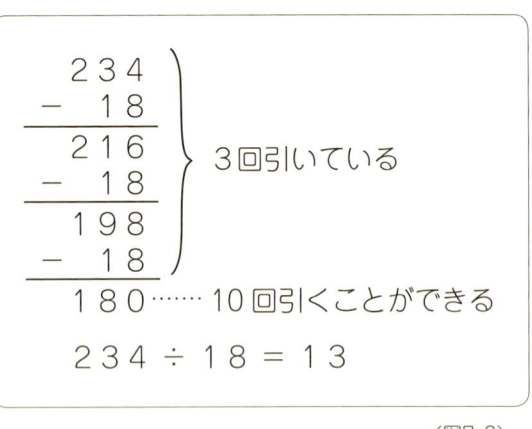

```
  234
-  18
  216  ⎫
-  18  ⎬ 3回引いている
  198  ⎭
-  18
  180 …… 10回引くことができる
  234 ÷ 18 = 13
```

（図7-8）

もうひとつ例をあげましょう。4年生の始め，まだ長方形の面積しか求めることができません。その子どもたちに図(7-9)のような直角三角形と長方形とでは，どちらが広いか調べなさいという問題を出しました。子どもたちは直角三角形の面積を求めることはできません。しかし，力ずくの力を発揮しました。なんとか単位面積の正方形を敷き詰めその数を数えようとしたのです。この場合，力ずくの力とは，今の自分にとにかく納得してできることを発揮する力ということになります。

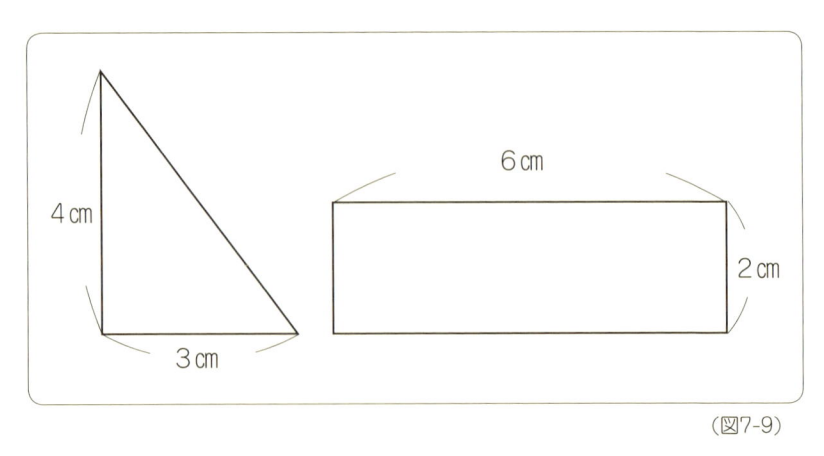

（図7-9）

いつまでも力ずくの力に頼っているだけでは，算数は発展しません。しかし，今，新しく学ぼうとしていることと力ずくの力の間に隔たりがあっては

7. 答えへの道筋

学習が成立しないのも明らかです。自分の納得のいく筋道を前提にして，新しい内容が子どもたちのものになっていくのです。

「既習事項を大切にする」ということがよく言われます。□□×□□のような二けたのかけ算を学習するためには□□×□のかけ算ができなくてはならない。これは当たり前のことです。学習には順序があります。しかし，今，ここで「力ずくの力」といっているのはこのような教材の順序性に関わる既習事項とは違います。その子どもの持っている，ものを動かすことのできる力です。誰が何と言おうと，自分はこれだけは，納得しているという部分です。生活の中で，その子どもが使っている言葉でとらえているものです。分けるとか，集めるとかの感覚は，算数から離れても，十分生活の中で使っています。その感覚を，子どもたちは持っている。そこが，力ずくの力の源泉です。

3年生の子どもたちです。12÷3のようなかけ算九九を1回だけ使うわり算を学習しました。その直後42÷3をやってごらんといきなり言ってみました。これは商が二けたになりますから，4年生の内容です。案の定，みんな戸惑った顔です。なぜできないのか聞くと，3の段の九九に答えが42になるものがないと言います。この友だちの言葉を聞いて，いや，三の段の九九にはないけど，3の段のかけ算にはあるかもしれないという子どもたちもいます。しかし，あまり，ここでは話し合いを深めたくありません。ひとりひとりに力ずくの力を出させたいからです。

手を付けることができない子どもたちが多いので，追い打ちをかけました。逃げようとするのをさらに攻撃します。すると子どもたちは逆に元気が出て向かってきます。そういう見通しがありました。

「わり算は知ってるよね。だったら，この式は読むことができるはずだよ」

式を読むとは，算数語である式を日本語の文章に翻訳することです。このことは子どもたちはよく分かっています。たし算，ひき算，かけ算そして，

わり算でも繰り返し経験していることです。
　「42個のたこ焼きを3人で同じ数ずつ分けました。1人分は42÷3です」
　「42個のたこ焼きを3つずつパックに入れました。パックの数は４２÷３です」
　この二つの読み方は割られる数が九九の範囲で徹底して教え込んであります。だから当然，子どもたちも等分除と包含除の二つの読み方をしました。
　「今日は，パックの方で考えよう」
　一見，ごりらの横暴に感じるかもしれませんが，42÷3を等分除の場面で考えさせるのは子どもたちにとって難しいと判断しました。
　黒板にはっきりと包含除の場面の文と絵を書きました。

　子どものひとりは，たこ焼きを42個描き始めました。それを3つずつ囲んでいくつもりです。しかし，42個のたこ焼きを描くのが大変です。そこで，ノートの方眼に目を付けました。私の使わせているノートは横13マスです。そのマスのひとつを残して，12個ずつ長方形状に描いています（図7-10）。
　「なぜ，ひとマス空けているのかな」と聞くと，「3つずつ囲むのだから」と答えました。ちゃんと自分のやりたいことを見つめて，働きかけているのです。

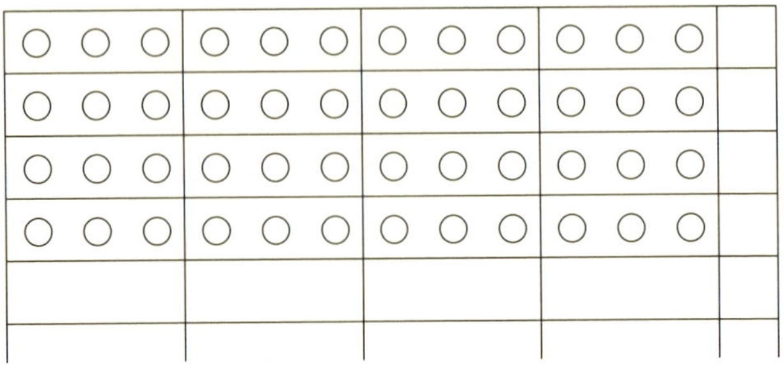

（図7-10）

　直樹は，42から3ずつ引き続けています。3が何回引けるか調べようというのです。

7. 答えへの道筋

　3を足し続け42を作ろうとしている子どもたちもいます。3×9=27と9回までをショートカットして，27から3ずつ足すことに気付いた子どももいます。

　どの子どもたちも力ずくの力で42÷3に挑戦しています。習っていない計算だからといって，教えてもらうのをひたすら待っている子どもはいません。子どもたちが個々の作業に入って5分ほど経ったところでチャイムが鳴りました。あとは敢えて言わなくても，明日までに仕事を済ませるでしょう。子どもたちは自分のやりたいことが見えているときには途中で仕事を止めることはできません。

　次の日，3の段のかけ算で42になるのを探そうというところから出発しました。いろいろ意見がでましたが，みんながすっきり分かる方法でいこうということになりました。九九を唱えるのです。三九27までは，もういいでしょう。ここを出発点にして三，十が30，三，十一が33というように唱え進めるのです。三，十四で42になりました。みんなで「やったあ」と喜びました。集団で力ずくの力を使ったのです。子どもたちは，昨日と昨夜の仕事で答えが14であることはとっくに分かっています。それでもうれしいのです。みんなで確実に納得している方法で確認しているからです。
　「先生，3×7＝21だから，42は3×14」
　と智子が言う。
　「あっ。これは面白い。誰か，智子の言うこと分かるか」
　「42の半分は21で，21は3の7倍だから，42は3の14倍ということ」
　「なるほど，なるほど。うん，この見方はいいなあ。智子ヒット。それを分かってやった。純一も素晴らしい」
　子どもたちの能動性を引き出すのにはどうすればいいでしょうか。いちばん大切なことは，子どもの能動的な動きを徹底的に認めることです。子ども

たちは先生や友だちに認められることによって育つのです。

「智子のいいところはどこかなあ」

「42の半分を考えたところ」

「その通りだ。友だちのいいところが分かるとは天晴れですぞ」

こちらが発問し，それに，子どもは反応する，それを認める。この三拍子を授業の中にいくつ作ることができるか。それが，授業者の腕の見せ所だと私は考えています。

「42の中の30を3つに分けると（等分すると）10ずつになるでしょう。残りの12を3つに分けると4つずつ。だから，42÷3は14」

という子どもがいます。言葉を聞いていて，この子どもが，何をどのように動かしているのか明瞭にみえます。この子どもが，自分のイメージで数を動かしているからです。だから，周りのひとのイメージも動かすのです。そこに働いているのが力ずくの力です。力ずくというと，無理やりのやけっぱちという語感があります。しかし，このように考えてくると，ここで言っている「力ずくの力」は最も素直な，剥き出しの力だということができます。

⑥ FBIからホームズへ

今から，この文章に出て来る，FBIもホームズも本来の意味とは無関係です。捜査官も名探偵も登場しません。彼らとは全く関係ありません。子どもたちが，問題を解決することを通して，ある種の手法を手に入れました。その時，思わず口走った言葉。それを，その手法の名前にしただけです。

3年生で二桁で割るわり算を学習したときです。1081÷47を導入に使ったことがあります。筆算を教えるだけなら，96÷32とか204÷34とかが適当かもしれません。でも，私は，ここでもまず，子どもたちの力ずくの

力を見たかったので，この数値を使ったのです。

　子どもたちが得意なのは，FBI方式です。FBI方式は，またの名を「虱潰し」と言います。でも，子どもたちは虱を知りません。そして，それを潰す状況も想像できません。ですから，FBIです。（第六章　答えに意味のある計算4）要するに，47×□＝1081を探す。そのとき，□に1から順に全部調べていこうという方法です。これなら，必ず犯人が見つかる。だからFBIだそうです。商を犯人だというのは穏やかではありません。でも，まあ，子どもの言うことだからしょうがないでしょう。

　とても，面倒だけど根性で頑張ると子どもたちは言います。しかし，さすがに，この場合1から順に全部調べた子どもはいませんでした。いや，調べ始めましたが，47×3ぐらいまで計算したとき，手を止めました。そして，「絶対，20より多いよ」と言い出したのです。
　この言葉を，私は取り上げました。郁子が「絶対，犯人は20より大きいと言っている。『絶対』と言ってるんだから，なにか訳があるんだろう。
　みんなで郁子の考えていることを見抜いてみよう」
　「47×10は470だから，絶対10よりは大きいといえる」
　「なるほど，これは，みんな認めることができるね」
　「それなら，絶対20より大きい。470の2倍は940だもの」
　47の2倍が94には，1年生からの訓練で抵抗のない子どもです。しかし，それでも，ここで展開している論理を追えない子どもたちは沢山います。
　その子どもたちには，実際に計算させてみることが大切なのです。考えるとは，じっと空を見つめて，頭を巡らすことではありません。実際に，自分の意志でやってみることが，考えるということなのです。
　ひとりが，25でやってみました。47×25＝1175です。これは，見逃してはいけないと思いました。

「信彦が，25 でやってみた。これは，素晴らしい。25 だとは，はっきり言えない。しかし，とにかくやってみたいと思った。そして，実際に計算した。この鯛はいい鯛だ」

本人がちょっと照れるぐらい大げさに認めました。素直に，喜ぶみんなです。

「FBI 方式ではなくて，でたらめ式だ」

「でたらめ式は面白い。でたらめ式も立派な方法だよ」

どうやら，でたらめ方式も子どもたちの問題解決の手のひとつになりそうです。とにかくここぞと思うところを探って見る。そして，様子を見ようというわけです。上の場合，25 で計算してみると，ターゲットの 1081 より大きくなった。だったら，的はもうちょっと下を狙えばいいということになります。試してみる，そこから，情報を得ながら次第に的を絞っている。これはいろいろの場面で使うことのできる立派な方法です。

「47 × 20 が 940 で 1081 まで 150 ぐらい。そして，もしだよ，もしだけどこのわり算が割り切れるとしたら，1081 で一の位が 1 だから，47 × □ の □ の中の数の一の位は 3 になる。だって，7 × 3 = 21 だもの」

こんなに理路整然と発表したかどうかは，はっきり覚えてはいません。しかし，筋道を立てて，□ が 23 になることを推理した子どもたちがいました。これは見事です。この子どもたちの方法がホームズ式と名付けられました。名探偵シャーロック，ホームズが推理で謎を解いていく姿を思い出したからでしょうか。

私たちは，つい，ホームズ式が数学的で正当な解決方法だと考えがちです。しかし，FBI 方式もでたらめ式も立派な方法なのです。実際に問題を解いているときは，誰もがよく使っているはずです。

問題が目の前にある場合，なにもできないでただ茫然としているより，と

7. 答えへの道筋

にかく手をかけてみる。自分の手で問題を動かしてみる。それが、まず解決への第一歩です。もう一度言います。考えるとはやってみることです。

　その対象に働きかける方法のひとつとして、FBI式やでたらめ式があるのです。

　子どもたちが、様々な角度から計算に働きかけることができるようにしたい。これが私の計算指導のねらいです。ひたすら計算練習に明け暮れるのでは、そのねらいに達することはできません。それどころか、練習を繰り返せば繰り返すほど、ねらいからどんどん遠くなっていくのではないかとさえ感じます。

　「は・か・せ」だけを目標にするのではなく、ひとつひとつの計算とゆっくり関わる時間が必要なことを痛感しています。

正木孝昌

1939年 高知県生まれ。高知県内の公立小学校教諭歴任後，1966年 現筑波大学附属小学校に勤務。2001年 同小学校を退官後，國學院栃木短期大学教授として 教鞭を執り，現在も算数の授業研究を続ける。

主な著書：「学校図書版　小学校算数教科書」編集委員
「算数授業に子どもたちの生きる姿を見た」
（学校図書）
「活動する力を育てる算数授業」（明治図書出版）
「授業の風景」（東洋館出版社）他多数。

レベルアップ授業力
計算の授業を考える
筆算だけではだめになる

平成22年 9月11日　初版第1刷発行

著者　正木孝昌
発行者　奈良　威
発行所　学校図書株式会社
　　〒141-8531東京都品川区西五反田7-24-5
　　電話03-3492-3711
　　FAX03-3492-4559
　　URL http://www.gakuto.co.jp

装丁・ブックデザイン　大久保 浩＋OHKUBO FACTORY

ⓒ Kousho Masaki 2010
ISBN978-4-7625-0133-3 C3037